José "Pepe" Mujica
LOS LABERINTOS DE LA VIDA

Diálogo con Kintto Lucas

Editorial Tintají: librostintaji@yahoo.com

Edición de Tapa Dura: Febrero de 2022

ISBN: 9781093302516

En Italia fue publicado con el título *José "Pepe" Mujica I LABERINTI DELLA VITA. Dialogo con Kintto Lucas.* Traducción de Lucilla Soro. Editorial Castelvechi

A San Cono…

José "Pepe" Mujica
LOS LABERINTOS DE LA VIDA

Diálogo con Kintto Lucas

ÍNDICE

Prólogo
Laberintos y caminos. La llama de la memoria
rediviva.
Dr. Francisco Sierra Caballero

Introducción

Punta Carretas
Las Mateadas
El legado de Raúl Sendic
El trapito de Artigas
La rebelión de Hugo Chávez
El vínculo con Ecuador
El «Fenómeno Pepe»
Hacia la presidencia
Tal cual es…
Un camino sin fin

Los laberintos de la vida
Diálogo con Kintto Lucas

A manera de epílogo

Acerca del autor

PRÓLOGO

Laberintos y caminos
La llama de la memoria rediviva

Dr. Francisco Sierra Caballero

Sabemos que no hay historia sin proyección social de la memoria. Somos lo que fuimos. Para repensar nuestro presente, para develar el sentido de las nuevas construcciones ideológicas y el espesor material de los relatos de las crisis y contradicciones del universo social, hemos de vindicar la memoria, que es tanto como definir lo común, en un sentido proyectivo, una suerte de simiente para albergar esperanza en el futuro, a modo de política comunal de cultivo de los imaginarios que nos mueven y conmueven, como una forma, en definitiva, de hacer solidaria la vida compartida, los recuerdos redivivos, la odisea de los intersticios, laberintos y las esquinas o recovecos del viento con los que las emboscadas de la política y la existencia nos llevan a convivir.

Decía Max Horkheimer que toda reificación es una forma de olvido, por ello conviene reconstruir la historia de las experiencias y formas de lucha en los frentes culturales conocidos para vivir y transformar el mundo que habitamos. No hay otra forma no ya de soñar sino simplemente de vivir una vida digna de ser vivida. La misma que nos anima a cultivar los senderos abiertos y los surcos horadados durante años por infatigables luchadores sociales que sabían lo que hacían porque a su vez caminaron sobre los hombros de gigantes, o simplemente pensando contracorriente desde la soledad. Hablamos no del laberinto del Minotauro, o cualquier otra intertextualidad de ciencia ficción que pueda imaginar el lector, sino más bien, a lo Nicolás Guillén, de las danzas laberínticas que se celebraban en la antigua Grecia, en las islas egeas, donde los danzantes transitaban de modo festivo un complicado trazado de cuevas y rutas, cogidos de la mano. De las blancas manos a las manos negras, reunidos, hermanados, siguiendo el principio de fraternidad, necesario e insoslayable, para conmemorar lo común, lo que nos identifica y convoca.

Más allá de los dilemas de la acción colectiva y la miopía intelectual de algunos líderes de la izquierda en la actual encrucijada histórica, en las siguientes páginas se nos invoca y convoca a aprender a soñar juntos, empezando por documentar numerosas experiencias, pero, sobre todo, elementos de juicio y reflexiones de sentido común que sin duda pueden servir de útil caja de herramientas para preguntarnos cómo debemos cambiar el mundo que vivimos, ahora que se vindica lo inexacto, o más bien la inexactitud de los negacionistas de toda laya que proliferan dentro y fuera de las redes sociales. Y para ello qué mejor que pensar la práctica política con quien ha demostrado ser capaz de superar todas las adversidades inimaginables para vindicar una vida vívida, y bien vivida, digna como tal.

Filósofo de la vida, hombre de campo y ciudad, genio del sentido común, latinoamericanista y dirigente, Pepe, el Mandela latinoamericano, como algunos han querido titular, ya es un patrimonio común de todos los que saben que otro mundo es posible y que, como era virtud en La Pasionaria, es capaz de decir verdades como puños y que sus ideas prendan en la multitud. Pues se ha hecho pueblo. Es uno más. El Viejo Pepe se ha encarnado y trasmutado en todos, no se despide, vuelve siempre para el reencuentro con *los nadie*, con la tierra, con el pueblo. Lo sabemos. Ese tránsito, de la vanguardia a la multitud en "Tal cual es", crónica del camino de Mújica a la Presidencia de Uruguay, que el autor ha regalado a sus lectores, hace ya algunos años, en

Abya Yala, ilustra el acierto y elogio de la derrota de un largo camino que, si pensamos en densidades históricas, va del reformismo de José Batlle, a Raúl Sendic, el Gramsci uruguayo, y cristaliza en el Frente Amplio, un frente de todas y todos, un referente de articulación de la pluralidad y la unidad de acción que convendría conocer más en detalle por estos lares.

De todo ello trata este libro que opera como una suerte de trampantojo, simulando una entrevista cuando en realidad es una conversación, una mateadita, con observadores anónimos, pero no indiscretos, siempre dispuestos, como quien escribe, a aprender a ser. Si bien la entrevista es diálogo, la conversación va más allá de la inquisitorial pregunta y respuesta, del ensayo de ida y vuelta entre los protagonistas, para registrar el tamiz de la expresión en un proceso de descubrimiento que permite a la vez analizar el contenido de interés y construir nuevas ideas, alumbrar, con la co/ocurrencia, con la circulación de sentidos, marcos inesperados de comprensión e interpretación.

****

Tuve la suerte de conocer a Kintto Lucas durante mi estancia de tres años en Ecuador, como Director General de CIESPAL, y constaté desde el principio no solo la aguda inteligencia como

Vicecanciller que hizo posible proteger a Assange, sino también, por añadidura, las virtudes excepcionales y su capacidad creativa como escritor y periodista. En las entrevistas que regularmente mantuve con él, me demostró no solo un profundo dominio de toda la realidad de América Latina y España, sino también un conocimiento detallado de la historia del expolio, del imperialismo estadounidense y de las contradicciones de los medios y mediaciones, a propósito de la Ley Orgánica de Comunicación de Ecuador que, como máximo responsable del organismo internacional de la UNESCO, tuve a bien defender. Por esta y otras muchas razones, terminé siendo su editor de *Cara y Cruz*, una historia en tres volúmenes del origen de la Revolución Ciudadana, crónica de una aventura que, seguro, habrá tenido continuidad con al lawfare y la contrarrevolución diseñada desde el Pentágono. Esperamos que así sea porque nunca como hoy somos tan conscientes de la necesidad de contar lo ocurrido y evitar que la historia sea narrada por los vencedores de siempre. En Ecuador y la región, se echa en falta la presencia de escritores comprometidos con voz propia y comunicólogos radicales, militantes de la vida, que sigan los pasos de Rodolfo Walsh o Gregorio Selser, como ha venido haciendo desde la escuela de *Mate Amargo*, una suerte de *Iskra* latinoamericano, nuestro autor. Pareciera que el oportunismo es más favorable al modo Fox News y la comunicación política a lo Trump. De ahí el valor y relevancia del trabajo de Kintto Lucas, incansable lector e intérprete de la realidad, así como activo testigo de los cambios vividos en la Patria Grande y que tan bien ha sabido documentar.

La edición de estas conversaciones tiene lugar tras una emotiva despedida, en plena campaña electoral, de Pepe Mújica que conmovió y, en la distancia, provoca hasta un hondo pesar, pues de alguna manera debe ser recibida como una llamada urgente a actualizar y revivir su legado y virtud revolucionaria. Cosas propias de comunistas o diríase de quienes nunca dejaron de vindicar el *demos* y la necesidad de organizar las pasiones alegres, la cultura de la vida, en la era de los cercamientos y privatización de lo común. Esta y no otra, como puede el lector deducir de las siguientes páginas, es la esencia e impulso del materialismo del encuentro, el elogio de la amistad que Kintto ha mantenido por tantos años con Mújica, compartiendo una misma visión política y actitud, anclados en la insobornable voluntad socrática de la sabiduría de la fraternidad, de la UNIÓN y de la RE/UNIÓN, por oficio, antaño de proyección comunal, al menos en las redacciones de medios como Mate Amargo y de otros espacios colectivos, desde los que pensar y construir juntos siempre resulta, indudablemente, más productivo que empeñarse en emular a Robinson Crusoe. Sólo desde esta posición de observación es posible captar el latido de la calle, el sentir y el sentido de ser en el mundo, y así se aprecia en cada gesto y confidencia de camaradería, afectos, recuerdos varios y lecciones que recontar. Ya nos hubiera gustado haber asistido, personalmente, a estas conversaciones o ver los silencios *in situ* de Pepe Mújica y Jesús Quintero durante la entrevista de *El perro verde*, un registro que tanta falta hace en un país como el nuestro en donde escasea la prudencia, se malversa la paciencia y niega la escucha activa, condiciones por cierto imprescindibles del monólogo interior que fundamenta el diálogo social y, en el fondo, toda democracia deliberativa. Pero no es el caso apuntar aquí lo que nos evoca el texto. Sí constatar, en cambio, a modo de introducción o prólogo a su lectura, que una cosa que deja meridianamente claro Kintto sobre la realidad inexacta que nos interpela, es que el primer principio de todo escritor y periodista ha de ser no solo vivir para contarlo sino escribir la historia, narrar o transformar la vida para poder contarla y cuentearla como una suerte, en términos colombianos, de vivir sabroso. Todo un programa a tratar en las Facultades de Periodismo en términos de Sumak Kawsay y que hace años su autor viene cultivando con esmero en calidad de experimentado cronista de la realidad política.

Por cierto, lo del buen vivir no es una cuestión menor, o una ocurrencia escrita al calor de la coyuntura histórica, y menos hablando de un escritor que piensa desde Quito. En estos tiempos de tanatopraxia, vindicar la buena vida y una lectura como esta se nos antoja crucial. Porque, como escribe Álvaro Llamas, nadie deposita ya en los libros su ansiedad por la memoria futura. Y es hora de advertir, al menos los militantes de la filosofía de la praxis, que hemos de cumplir la máxima de Heráclito: vivir de muerte, morir de pura vida.

Este dispositivo cultural en forma de libro es, sin duda, una invitación a la celebración, una anatomía vitalista de la actualidad histórica y sus pliegues. Un manifiesto, en fin, de la política quijotesca, de la conciencia iluminada por la escucha activa y la experiencia ampliada de la ejemplaridad y el trabajo bien hecho que, con el discurrir del tiempo, va acrecentando la figura de Pepe Mújica y la obra del autor, macerada con el paso de los años al punto de terminar siendo una referencia obligada, además de conocida internacionalmente, para escrutar los horizontes por venir sin necesidad de un oráculo de Delfos. Entre otras razones porque rezuma en cada línea escrita mucha vida digna de ser vivida, y sobre todo esperanza, didáctica de la pedagogía materialista, textos y contextos de la trama de lo común, una brújula o carta de navegación con la que aprender de la historia y dibujar tránsitos de futuro para la existencia, como especie, como planeta, y como sujetos políticos, empezando por las lecciones de Raúl Sendic, muy oportunas para España, cuando insistía en no confundir bulla con propaganda, y continuando con las vicisitudes de Mújica en momentos complicados o decisivos de la historia de Uruguay y la región. Lecciones en fin que atesoran aprendizajes necesarios del socialismo latinoamericano frente al actual capitalismo selfie y la dialéctica de la realidad, la imagen y la imaginación emancipadora en una era, la digital, proclive a la confusión o improvisaciones políticas de toda laya.

Volver a los principios, explorar las enseñanzas de la justa medida, del espartaquismo mestizo, de los lectores de Rosa Luxemburgo, los sanchopancistas de los chispazos de la historia, más allá de la construcción del Frente Amplio desde 1971, resulta, especialmente en nuestro tiempo, un ejercicio útil en medio de la disgregación política y moral, de la patria, y la matria, dada la ausencia de una voluntad política partisana con trabajo de base.

La esencia del efecto Mújica tiene que ver con esta labor que en la campaña del 23J defendimos como principios de flexibilidad, apertura y articulación social: Sumar, coser y cantar. Nada fácil porque ello implica gobernar zurciendo, como dice Mújica, todos los días, "tejer alianzas permanentemente, tratar e ensanchar en todo lo posible la base de sustentación, tratar de limar las contradicciones más peligrosas, preocuparse por el salario, preocuparse día a día por el trabajo, preocuparse porque la tajada gruesa no condena a la inanición a otros". Y además no perder la rebeldía pues perder la rebeldía es fácil y ser burócratas de la política es lo normal cuando se renuncia, por puro pragmatismo, al duro e ingrato trabajo de Prometeo. Más aún si observamos con detenimiento, atentamente, el horizonte histórico del multilateralismo en el que asoman cambios que producen vértigo como la Inteligencia Artificial, la sociedad del conocimiento y los peligros de la siliconización. Los avatares de la OEA y la esperanza de los BRICS, los proyectos de integración regional de UNASUR, CELAC, ALBA, CAN o MERCOSUR, y las estrategias del orden de la gobernanza mundial de Estados Unidos, la OTAN y la OMC que asoman en estas páginas sugiriendo interpretaciones laterales poco convencionales en la izquierda. Como no podía ser de otro modo, en el libro, se acomete el problema de la globalización, siempre recurrente, pero también las alternativas del Foro Social Mundial, la apuesta por el decrecimiento, el repliegue de cierta izquierda timorata ante la guerra abierta contra Venezuela, por ejemplo, o los dilemas de la llamada nueva política en un diálogo de Sevilla a Montevideo, de Quito a Madrid, de La Habana a Pekín, sin solución de continuidad y desde una clara apuesta por la radicalidad democrática.

Un camino, en fin, por la vida de Mújica pero también del autor: del indigenismo a la guerrilla, del duelo por el hermano a las utopías de la nueva izquierda latinoamericana, de los tupamaros a la Revolución Ciudadana, de la política al periodismo y vuelta a empezar en un laberinto de pasiones que sorprenderá, seguro, al lector. Pues este no es, como decimos, un libro de entrevistas, sino un texto que abre ventanas y puertas, que nos sitúan ante otros encuadres inéditos, que habla del drama humanitario y las muertes del Estrecho, del drama de la guerra en Libia y Siria o el genocidio del pueblo palestino en un ir y venir, como los cantes de ida y vuelta, de Saramago a Wallerstein, de Negri a Lula, de Chávez a Piazzola, de Sanders a Galeano, de Onetti a Assange, de Mario Benedetti al Che, de Artigas a Bolívar, y de Bolívar o Chávez a la gente común, a la cultura solidaria, la autogestión, el lenguaje de los vínculos, los frentes culturales, el trabajo de conversación y economía social, el futuro de los cuidados y el reto de la vida en común. Una lección del método ético y político de ser paisano, de ser pueblo y gente común, manteniendo siempre, intertextualmente, la sonrisa pícara, la palabra luminosa y las lecciones aprendidas de la construcción de la unidad popular. Tómese, en este sentido, como un manual introductorio de cómo tejer política de alianzas, y practicar, efectivamente, la escucha activa, el diálogo con los nuestros y con los otros.

Si es más difícil formar un campesino que un ingeniero, Mújica dixit, la construcción de la unidad popular siempre es más compleja y tortuosa, pero por lo mismo más sostenible en el tiempo que el marketing político de atribulados tecnócratas y arribistas de lo ajeno que proliferan en la nueva política. Por ello, hay que felicitar a la editorial la publicación de esta obra pensada para gentes sin casa, quijotes tupamaros, soñadores despiertos, multitudes chicas y otras especies en extinción que, aunque penden de los hilos que tejen la vida, no han dejado de brindar con la chispa de la vida que nunca nos ofrecerá la corporación Coca Cola, sino el jugo destilado por los actores políticos andantes, caballeros de la triste figura, siempre comprometidos con la romántica e insobornable vocación de Antígona.

En esa advocación conviene no olvidar la advertencia que nos hace Pepe: la gente mira poco hacia atrás porque tenemos los ojos hacia delante, pero sin memoria no hay proyección histórica posible. Las páginas que siguen sirven para exorcizar esta costumbre y activar la memoria rediviva en la pasión por lo común. Del niño Kintto de ocho años, de Punta Carretas, su hermano Enrique, de *Mate Amargo*, periodismo con voces comprometidas, como las páginas que siguen, a nuestro presente más cercano, manteniendo en todo momento el difícil equilibrio del funambulista que atrae nuestra mirada hacia adelante y más arriba, porque Kintto sabe bien y aprendió en la práctica que, como advirtiera el gran Mario Kaplún, la comunicación es una calle ancha y abierta que hay que amar transitar. Se cruza con compromiso y hace esquina con comunidad. Y exige una filosofía de la praxis para que resulte útil a la generalidad.

Kintto bien lo sabe, ha sido lector de Gramsci, conoce, como Bourdieu, que el frente cultural exige una actitud intelectual alerta, en la que hay que señalar, advertir, pensar contracorriente, para combatir los dispositivos de dominio, entre la voluntad política de transformación y las políticas de reconocimiento. Sin ello no tiene sentido pedir la paz y la palabra. Así que la lectura, como la vida, sea gozosa. El autor, ya lo advierto, siempre lo consigue. Y en este libro especialmente, por el tiempo y por el tiempo narrado.

Sevilla, 16 de noviembre de 2024.

* Diputado español. Catedrático de Teoría de la Comunicación en la Universidad de Sevilla.
www.franciscosierracaballero.net

¡Que fuerza que teníamos! ¡Qué fuerza!
La añoramos por supuesto
y sobre todo añoramos no poderla transmitir
a las nuevas generaciones.
Lo vivimos en un momento,
en un chispazo de la historia,
en el mundo de hoy es impensable.
Tanto Quijote, tanta poesía, es impensable…

José "Pepe" Mujica

INTRODUCCIÓN

1.

Punta Carretas

'La Patria nos llama, orientales al Frente", fue la consigna que presidió el primer acto del Frente Amplio, allá por marzo de 1971. Había estado de sitio, confrontación social y el accionar tupamaro cuestionaba el poder tradicional con su corrupción y fraudes. La represión de los sectores de derecha, las fuerzas militares y paramilitares iba en aumento y el país transitaba hacia una dictadura que se consolidaría en 1973.

Fue en aquel 1971, en la cárcel de Punta Carretas que conocí a José Pepe Mujica. Con 8 años, yo era un asiduo visitante de ese penal de

Montevideo. Allí, junto a Pepe, estaba detenido mi hermano mayor, Enrique, por pertenecer al Movimiento de Liberación Nacional – Tupamaros.

Las visitas eran los sábados y casi nunca faltaba. Para mi era todo un rito: levantarme a las cinco de la mañana, tomar un ómnibus, llegar mucho antes de la hora, parar en la cafetería ubicada frente a la entrada de la cárcel, tomarme un capuchino con bizcochos, que era una de las razones por las cuales no faltaba.

Luego pasar por la caseta de revisación, llegar hasta el lugar donde estaban los detenidos, charlar, salir, pasar nuevamente por la caseta, llegar a la calle, caminar hacia la costa y sentir aquella sensación inexplicable que me producía el mar y su libertad, para luego volverme nuevamente hacia la mole con su encierro.

Punta Carretas, era la cárcel de alta seguridad reservada para los tupamaros. En aquellos días, estaban detenidos la mayoría de los dirigentes con Raúl Sendic a la cabeza. Uno de aquellos guerrilleros presos era Pepe Mujica, a quien veía cada sábado en la visita, hasta la masiva fuga de septiembre. En aquellos días nadie podría imaginar que algunas décadas después llegaría a ser Presidente de Uruguay.

Mi hermano había sido detenido en junio de 1971. El sábado 4 de septiembre le llevamos a un par de botas que nos había pedido la semana anterior. La alegría era común en las visitas, los chistes, las bromas… Aquel día, el ambiente era más festivo.

En la despedida aquel "hasta la semana que viene y buen fin de semana", tuvieron un énfasis poco común en los presos. Había un optimismo que se transmitía de adentro hacia afuera. Algo anunciaba. En la madrugada del lunes 6, se escaparon 106 guerrilleros, quienes atravesaron la calle por un túnel construido durante meses.

Enrique, que había participado en la excavación y construcción del túnel, junto a Pepe Mujica y otros tupamaros, finalmente no se fugó. Se cambió de celda el día antes y dejó su lugar en la que daba hacia el túnel. No tenía un proceso judicial complicado y se manejaba que en unos meses podría salir desterrado a Chile.

Pepe Mujica fue uno de los fugados. La visita del sábado anterior a la fuga fue la última vez que lo vi en ese breve periodo. Pasarán muchos años hasta que vuelva a encontrarlo, primero como militantes durante la reconstrucción del MLN-T en

1985 y luego como compañeros en el periódico Mate Amargo.

La fuga, denominada "El Abuso", fue un duro golpe para el gobierno y las fuerzas represivas. Faltaban dos meses para las elecciones nacionales. Punta Carretas ya no ofrecía seguridad para el régimen. Por eso, se apuraron las obras para poner en funcionamiento el Penal de Punta de Rieles.

Así, semanas después, junto a los pocos tupas considerados más "peligrosos" que quedaban, Enrique sería trasladado a la nueva cárcel, que tenía el aspecto de los campos de concentración que había visto en las películas sobre la Segunda Guerra Mundial.

Allí estará hasta marzo de 1972, cuando será deportado a Chile, donde pasará a integrar la dirección tupamara en el exterior. De los fugados, muchos, incluido Pepe, volverán tiempo después a la cárcel y estarán presos más de 12 años, otros serán asesinados por el ejército el 14 de abril de 1972 y algunos irán al exterior.

Pepe fue detenido nuevamente y pasó a ser uno de los nueve rehenes de la dictadura uruguaya. Durante años intentamos seguir el rastro de esos nueve tupamaros, que en grupos de a tres eran llevados de cuartel en cuartel, permaneciendo largo tiempo aislados, a veces en aljibes con el agua hasta la cintura, sistemáticamente torturados. Condenados a muerte. El MLN-T estaba derrotado, pero si hacia alguna acción, los rehenes irían siendo ejecutados. Durante su apresamiento Pepe fue herido de seis balazos.

Mi hermano Enrique se hizo responsable de propaganda en la dirección del MLN-T en Santiago. Entre otras actividades se dedicó a trabajar una película argumental que trascendería a nivel mundial mostrando el proceso tupamaro, dirigida por Costa Gavras y protagonizada por Yves Montand, titulada Estado de Sitio.

Luego vinieron los viajes a Cuba y la posterior residencia en Buenos Aires en 1973, donde conforma la Junta de Coordinación Revolucionaria representando al MLN-T, junto a Miguel Enríquez del Movimiento de Izquierda Revolucionaria (MIR) de Chile, el Ejercito de Liberación Nacional (ELN) de Bolivia y el Ejército Revolucionario del Pueblo (ERP) de Argentina. Se trataba de una estructura guerrillera que unificaba organizaciones revolucionarias de Cono Sur. Luego de múltiples actividades políticas, irá a dirigir el ELN en Bolivia, que luchaba contra la dictadura de Hugo

Banzer. Allí morirá en septiembre de 1976, en un enfrentamiento con el ejército boliviano.

En 1980, tuve que dejar Uruguay e irme a vivir a Brasil. En ese país como en tantos países del mundo se realizó un trabajo de solidaridad con los presos políticos uruguayos, en particular con los rehenes, de quienes sabíamos que vivían condiciones extremas.

Los años de la dictadura, fueron casi interminables. Había momentos que nos parecía difícil que cayera. Pero la persistencia del pueblo uruguayo llevó primero a derrotar el proyecto constitucional de los militares en 1980 y luego a movilizaciones masivas y protestas que pusieron en jaque a los dictadores hasta su retirada negociada en 1985.

2.

Las Mateadas

En marzo de 1985, tras el retorno a la democracia, fueron liberados los presos políticos, entre ellos quienes integraban la dirección histórica del MLN-T, denominados cariñosamente viejos. También comenzó el lento regreso de los exiliados. Enseguida comenzó la reconstrucción de MLN. Pocos creyeron que eso sería posible, teniendo en cuenta las distintas experiencias vividas por los miles de militantes en la cárcel, exilio y dentro del país.

Sin embargo, de a poco, caminando de barrio en barrio, con el mate en la mano se empezó a conversar con la gente. Así surgieron las "Mateadas", una especie de pequeños actos en que algunos de los que fueron rehenes conversaban con la gente.

Regresé a Uruguay a mediados de 1985 y me sumé como militante al MLN, en el trabajo barrial, las "Mateadas" y el Frente Amplio. En ese tiempo, a pesar de que pertenecíamos a zonas distintas, muchas veces nos cruzábamos con Pepe en actividades centrales, y siempre uno de los temas que tratábamos era cómo lograr insertarnos social y políticamente en el interior del país, donde era difícil el trabajo de la izquierda.

Ese mismo año se funda Mate Amargo, un periódico quincenal tupamaro abierto a las izquierdas y los sectores progresistas de los partidos tradicionales. En poco tiempo llegó a ser el periódico más vendido del Uruguay. En el quincenario Pepe era columnista y yo escribía artículos sobre la realidad social y económica de los barrios de Montevideo y del interior del país.

Durante años recorrí barrios y departamentos. Esa actividad me acercó al trabajo político y social con el interior del país, que sabíamos era clave para que un día la izquierda llegara al gobierno. En esa época nos encontramos muchas veces con Pepe en la sede del periódico o del MLN para hablar de la realidad del interior. Aunque también conversábamos de la realidad política, el tema del interior nos preocupaba a los dos, como le preocupaba a Raúl Sendic.

El interior del Uruguay hasta aquel momento era casi olvidado por la mayoría de la izquierda. Pepe y yo, como otros tantos compañeros, siguiendo estrategias elaboradas por Sendic, asumimos desde nuestras trincheras periodísticas y políticas reivindicar esa zona del país y ayudar a posicionar a la izquierda en un lugar tomado por la derecha. Conversábamos sobre formas, lenguajes, estrategias y símbolos, necesarios para conquistar el corazón de los uruguayos "de afuera".

Las "Mateadas", fueron una herramienta de acumulación permanente, de vínculo con la gente, de participación. Fueron una especie de curso intensivo de praxis política para los jóvenes. El trabajo en los barrios y el interior consolidaron esa práctica.

3.

El legado de Raúl Sendic

En diciembre de 1987, en el estadio Luis Franzini de Montevideo, se realizó el primer gran acto tupamaro, luego de recuperada la democracia. Era también la primera vez que Sendic hablaría en público. Meses antes, él había viajado a Cuba para realizar un tratamiento en su boca y cara, ya que cuando fue detenido en 1972 fue herido en la boca y nunca tuvo un tratamiento adecuado. Más bien la tortura sistemática lo hizo empeorar.

A pesar de la acumulación de dos años, había cierta expectativa por el acto. La gente fue llegando de a poco, y algo que parecía imposible en aquel verano montevideano finalmente ocurrió: 22.000 personas llenaron el estadio.

De alguna forma, por la respuesta política y social que se venía dando, creíamos que iría mucha gente, pero ni el más optimista pensó en llenar el estadio. Todos nos mirábamos un poco sorprendidos. El acto lo abrió Pepe, siguió Eleuterio Fernández Huidobro y cerró Raúl Sendic.

Ese día nos ubicó a muchos en la dimensión social y política de lo que podría ocurrir en el futuro. Para algunos como yo, que sentíamos el compromiso político con los sectores populares casi desde niños, fue una especie de quiebre, de ubicación en una realidad con la cual debíamos ser consecuentes y responsables.

Con mi interés, ya desde aquellos años, de mirar siempre estratégicamente, recuerdo que le comenté a Raúl que este acto nos marcaba la cancha a los jóvenes hacia futuro. Sendic con esa tranquilidad que le caracterizaba, y su sabiduría me dijo: "tal vez sí, pero dependerá mucho de nosotros y de ustedes los más jóvenes. En todo caso, lo importante es que ustedes siempre sean ustedes y nunca pierdan la rebeldía, porque es fácil ser un burócrata de la política, difícil es mantener la rebeldía ante las injusticias".

La consigna "Frente Grande: Una respuesta del pueblo", resumía una propuesta política, social y económica revolucionaria, que movió el piso a la izquierda uruguaya, la cual recién se empezaba a ubicar en un nuevo periodo democrático con rezagos de tutela militar.

Cuando Raúl Sendic, salió de la cárcel, su pensamiento apostó a la conformación de un Frente Grande que fuera más allá del Frente Amplio e incluyera a todos los sectores sociales y políticos progresistas del país. Cuando Sendic hablaba de ampliar el Frente, se refería a una consolidación social y política que no claudicara en los principios

Hay tres personajes que marcaron la historia del siglo XX uruguayo: José Batlle y Ordóñez porque supo ver la necesidad de reforzar el Estado para lograr políticas y leyes sociales, industrializar el país para levantarlo y decirle a la Iglesia que se dedique a salvar almas si es que podía hacerlo; Aparicio Saravia, porque dio el toque de atención sobre el olvido en que quedaba el campo con el proyecto batllista y Raúl Sendic por rescatar ese Uruguay de los cañeros, los arroceros, los otros, y mostrar la decadencia de la "Suiza de América".

Sepultado en vida durante sus años de prisión supo escribir en hojillas de cigarrillos ensayos sobre economía que pocos podían haber hecho en esas condiciones. Al salir de la cárcel se dedicó a investigar y escribir sobre temas económicos que hoy están en la discusión de los economistas. Las cartas a sus hijos eran verdaderos tratados de sociología.

Es necesario recurrir a sus artículos escritos hace treinta años para ver como se adelantó a las crisis bancarias que luego se produjeron en diversos países, como puso en el centro del debate el problema de la deuda externa en sus escritos ya desde la cárcel, como analizó antes la explosión migratoria que se daría años después y la irrupción de la violencia juvenil urbana como consecuencia del empobrecimiento y el aumento del tráfico de drogas entre otros hechos, y como miraba a la América Latina.

Sumado a eso, su claridad política y su ética, lo hacen la figura más significativa de la izquierda uruguaya en le siglo XX y uno de los grandes líderes revolucionarios de la América en ese siglo.

Sendic falleció el 28 de abril de 1989, en un hospital de París, a los 63 años, víctima de la enfermedad de Charcot producida por los maltratos durante sus catorce años de inhumana prisión. El Bebe como acostumbramos a llamarlo, era un líder incomparable, la imagen ética de la política. Decenas de miles de personas se juntaron para despedir al gran líder.

Me tocó escribir un artículo para Mate Amargo con entrevistas a dirigentes sociales, pero me costaba mucho hacerlo. En ese laberinto de la sede del MLN, me encontré con Pepe, abatido por la muerte del compañero. Le comenté que no tenía muchas ganas de escribir. Entonces me dijo: "El Bebe ante todo era un paisano, un tipo que como nadie en la izquierda entendió el olvido del interior, conversá con la gente que viene de afuera y no te dejes llevar pos la tristeza del momento. El Bebe nos dejó una historia, nos dejó una forma de hacer política vinculada con la ética. A vos y a la gente de tu generación ahora le toca hacer su propia historia, recordando lo que haya que recordar, pero el mejor homenaje es que hagan su historia sin copiar a nadie".

Más allá de esas palabras y alguna otra conversación que tuvimos después sobre Sendic, en Mate Amargo tuvimos diversas anécdotas con Pepe, pero hay una muy especial por lo simbólico, que vale la pena recordar.

4.

El trapito de Artigas

Corría septiembre de 1989, estábamos en una pequeña oficina del quincenario. Aquel día tuvimos que dejar nuestro tema recurrente para conversar sobre un hecho ocurrido veinte años antes: la toma de la ciudad de Pando por comandos tupamaros, de la cual él fue uno de sus protagonistas.

Con otros dos compañeros periodistas, preparábamos un especial sobre el tema. Entonces armamos una conversación colectiva para que, junto a otros compañeros que participaron en la toma, contara su recuerdo de aquella acción guerrillera realizada el 8 de octubre del 69 en homenaje al Che, dos años después de su muerte.

Una charla sin mitos, sin falsos heroísmos, una charla de la vida que les tocó vivir. Diversas anécdotas y pequeñas historias, se cruzaban con el recuerdo de quienes murieron aquel día.

Al decirle que algunos, todavía recordaban cuando él en medio de la carretera sacó las cosas de su bolso y empezó a armar una Star, lanzó una sonrisita pícara que lo caracteriza hasta hoy y dijo: hubo un problema con las armas porque se había dicho que nadie llevara armas largas, sin embargo muchos compañeros aparecieron con rifle... y volvió a sonreír.

A su grupo le tocó tomar la central telefónica de la ciudad y cortar las comunicaciones: fueron reducidos los funcionarios, llevados a un cuarto, luego dos guerrilleros cortaron los cables en la azotea. Volvió a reírse, y explicó que con eso no bastó. Luego agregó: tuvimos que conversar con los operadores y pedirles colaboración.

Días más tarde el viejo Pepe y la dirección del MLN hicieron la evaluación de la toma de la ciudad: ahí nos dimos cuenta que si bien habíamos sufrido una derrota militar, era una victoria política. El prestigio aumentó y mucha gente comenzó a acercarse a la organización. El efecto que provoco. Incluso hay algunas anécdotas que lo ilustran.

Por ejemplo un muchacho que andaba atrás de una compañera sin saber que ella era tupa, para hacerse el guerrillero fatal se lastimó un brazo y dijo que se lo había hecho en Pando. En vez de conquistarla, logró que ella no le diera más bola y lo largó... (lanzó una carcajada). Pero ahora a veinte años pienso que la toma de Pando teníamos que haberla hecho mucho mejor...

De repente Pepe carraspeó y se hizo un silencio, como de respeto profundo por el viejo, que en aquel tiempo no era tanto pero así lo asumíamos todos. Algunas miradas se cruzaron con cierta complicidad esperando sus palabras.

Ahí nomás, mientras se tomaba un mate, con un tono bajito nos sentenció: esa fue la primera vez que la organización utilizó una bandera. Cuando realizábamos la planificación, al ver que íbamos a tomar una comisaría, nos dimos cuenta de que necesariamente hacía falta un estandarte. ¡Y nosotros no los teníamos! Porque a diferencia de eso grupos o partidos, en dónde todo se crea antes de tener el contenido, en el MLN las cosas no se hacían así. Éramos una organización revolucionaria con años de pelea y carecíamos de una bandera. Entonces hubo que crearla, lo exigió la necesidad.

Lo discutimos y la verdad es que no requirió de mucha charla, lo resolvimos fácil: surgió inmediatamente la idea de utilizar el estandarte artiguista… Don José Artigas, renacía matrero y combatiente… Y allá quedó flameando en el mástil de la Comisaría de Pando. Ciento cincuenta años después se fundían en la lucha dos generaciones. Después esa bandera ha ondeado en muchos lados, no es poca cosa. Ahora ahí está el trapito…

Tampoco cuando tuvimos esa conversación en Mate Amargo alguien podía imaginar que Pepe llegaría a ser presidente, creo que ni siquiera a legislador. Parecía no estar en la cabeza de muchos compañeros esa posibilidad.

5.

La rebelión de Hugo Chávez

Hasta 1992 fuimos compañeros con Pepe en el MLN-T y en Mate Amargo. En mayo de ese año yo iría a vivir a Ecuador. Pero unos meses antes de mi viaje ocurrió otro hecho que nos cruzó en el camino. Recién iniciado febrero estábamos en la redacción del periódico cerrando las últimas páginas, cuando de pronto surgió la noticia de un levantamiento militar en Venezuela.

La información era confusa y las especulaciones no se hacían esperar. La derecha hablaba de intento de golpe de estado, gran parte de la izquierda comparaba a los rebeldes con los carapintadas argentinos que habían impuesto su mirada fascista a los gobiernos de Raúl Alfonsín y Carlos Menem, muchos no entendían lo que estaba pasando y algunos decidimos reivindicar el derecho a la duda.

Aunque el periódico estaba casi cerrado, no podíamos obviar el hecho: había que escribir al respecto y acepté el desafío. Pepe se sonrió, porque nadie quería "agarrar esa changa" y sin saber los que iba a escribir, me apoyó. Desde un comienzo no creí que se tratara de un intento de golpe de estado como los que habíamos sufrido en el sur del continente. El lenguaje utilizado tampoco tenía semejanzas con el de los carapintadas, y el gobierno corrupto de Carlos Andrés Pérez, que profundizó la brecha entre pobres y ricos, no inspiraba ninguna confianza.

Lo mejor era empezar por el lenguaje: analizar primero la imagen de los hechos y su desenlace, y luego, sobre todo, ver qué se escondía detrás de las palabras escritas y pronunciadas en las proclamas de los alzados.

Del análisis de los hechos se desprendía que no se trataba de un intento de golpe de estado porque el poder radicaba en el alto mando, que salió triunfante en el corto plazo al reprimir a los rebeldes, defendiendo el orden establecido por la corruptela que rodeaba a Carlos Andrés Pérez. Como antes había defendido la propiedad privada a sangre y fuego ante la llegada de los desesperados que bajaron de los morros en el Caracazo. Si alguien podía dar un golpe era justamente el alto mando.

Pero fue del estudio de las palabras de donde surgieron los datos más relevantes. Si me hubiese puesto a mirar el discurso de los rebeldes desde una mirada de izquierda tradicional tal vez me hubiese desilusionado porque no reivindicaban a la clase obrera, ni a Marx, ni a Cuba. Solo reivindicaban la ética de luchar contra la corrupción y la imagen de Bolívar.

Pero eso no era mucho si tenemos en cuenta que los carapintadas también reivindicaban la lucha contra la corrupción y la imagen de San Martín, y la dictadura uruguaya también reivindicó a Artigas.

Sin embargo al analizar cada párrafo, empezaban a surgir las diferencias entre el discurso con sintaxis fascista de los carapintadas y el de los oficiales venezolanos que, si bien no se definían claramente en lo ideológico, demostraban una vinculación con la historia de las luchas populares.

A la hora de juntar las piezas del rompecabezas encontré ese discurso distinto al de los militares conosureños, encontré un gobierno corrupto apoyado por una cúpula militar desgastada, encontré un modelo económico que consumió la riqueza del petróleo entre pocos, encontré el Caracazo como respuesta inorgánica a ese modelo, y la represión como respuesta orgánica al desespero de la gente. Encontré también el fantasma de una izquierda perdida en el discurso de la socialdemocracia.

A la hora de escribir, empecé por el lenguaje y opté por descartar totalmente la imagen de golpismo, asumiendo la de una rebelión. Opté también por desarrollar el análisis del discurso y argumentar que el hecho en sí ponía de manifiesto un descontento con la conducción política y económica de un país arrasado por la pobreza. Expliqué también que los alzados eran un producto puramente venezolano, surgido desde Venezuela, sin una mirada foránea.

Ahí no había carapintadas, ni golpistas, ni militares al estilo peruano o peronista. No era un proceso que se podía encasillar dentro de los parámetros tradicionales. Sin embargo, se podía percibir el germen de una mirada nueva, no tan ideologizada como estábamos acostumbrados, pero arraigada en la defensa de la soberanía, estrechamente vinculada a una razón de ser nacional y hondamente popular. La base de un proceso histórico distinto que se estaba gestando en Venezuela y en un sector de las fuerzas armadas de ese país.

Cuando Mate Amargo estuvo en los kioscos, muchos conocidos de la izquierda uruguaya me llamaron para decir que estaba dando a un golpista el lugar que no merecía, además defendían a Pérez y repudiaban aquella rebelión. Optaban así, como los grandes medios, por el lenguaje del poder.

Tanto Jorge Zabalza, director del periódico en la época, como Pepe y otros compañeros estuvieron de acuerdo con mi artículo. Años después Pepe entablará una gran amistad con Hugo Chávez, y me tocará trabajar con los dos en el proceso de integración latinoamericano.

6.

El vínculo con Ecuador

Después de viajar a Ecuador, no perdimos la comunicación, pero sí el intercambio más seguido. Cuando yo viajaba a Montevideo, a veces conversábamos de la política uruguaya y el avance de la izquierda, pero aparecerá un nuevo tema: la lucha del movimiento indígena ecuatoriano, que en Uruguay despertaba curiosidad.

Pepe, hacía un seguimiento de las luchas en Ecuador y de mis pasos en el país andino. Desde mi llegada a Quito me vinculé al movimiento indígena, participé en movilizaciones y levantamientos, ya sea como periodista comprometido o como militante. Además del vínculo familiar, el trabajo estrecho con las luchas sociales me fue atando a un país en el que pensaba estar solo un año, porque no quería volver a estar mucho tiempo fuera de Uruguay.

Interesado con los procesos de América Latina, cada vez que iba a Uruguay me preguntaba sobre aspectos organizativos, vínculos con la producción, el problema de la tierra, el tema cultural, las formas de lucha. Se identificaba con un movimiento que no conocía. Sabía que él como los indígenas de Ecuador eran parte de los "otros". De a poco, con Julio Marenales, uno de los grandes dirigentes del MLN, también rehén de la dictadura, ayudamos a construir un vínculo entre algunos sectores del movimiento indígena ecuatoriano y el MLN.

7.

El "Fenómeno Pepe"

En la campaña para las elecciones presidenciales de octubre de 2004, se generó una polémica sobre la popularidad de Pepe Mujica. Su crecimiento en la intención de voto, llevó a dirigentes de los partidos tradicionales a realizar una campaña sucia de ataques, que la inició el ex presidente Julio María Sanguinetti,

Meses antes, los dirigentes de los partidos tradicionales rehuían atacarlo porque creían, o les aconsejaron, que era contraproducente, pero esa actitud no paró su crecimiento. En esa ocasión, luego de aguantar varios ataques, Pepe reaccionó. Apenas vi esa reacción, escribí a él y a los compañeros diciéndole que no reaccione porque eso era los que querían sus detractores. Le enfaticé que los mejor era burlarse.

Duchos por un lado, y aconsejados por sus asesores de marketing, esos políticos buscaban que Pepe se enoje y responda para entrar en un enfrentamiento y tratar de desprestigiarlo. En aquel momento hice un articulo que tuvo importantes repercusión, en el que hablaba del desprecio de esos sectores de la derecha, incluso de algunos frenteamplistas, hacia los otros como Pepe.

La derecha, e incluso algunos sectores de izquierda, justificaban el respaldo electoral al ex guerrillero, como parte de un fenómeno mediático que denominaron 'Fenómeno Pepe Mujica'. Así, intentaban vaciar de contenido su accionar político y sus propuestas.

Antes que el 'Fenómeno Pepe Mujica' a nivel de medios, estuvo una actuación acorde con determinados principios, pero sobre todo con uno fundamental: la recuperación del interior como sector humano y zona geográfica que hace vivir al país, la recuperación del hombre y la mujer del interior como factor de construcción de un país integrado antes de la inserción del país en un mundo globalizado, y la recuperación del interior como factor importantísimo en la construcción de un país productivo.

Escribí a Pepe desde Ecuador comentándole esa visión sobre parte de la izquierda uruguaya, siempre tan montevideana que se olvidó del interior. Le decía que le cuesta embarrarse porque le teme al barro. Esa frase le llamó la atención y me la recordará años después cuando se candidato a presidente y yo escriba sobre la irrupción de los "otros" en la política latinoamericana.

Pepe Mujica supo ver la cuestión crucial del olvido 'interiorano', que es como decir el olvido del 'otro', el 'distinto', al cual quienes hegemonizaban la construcción cultural dejaban de lado. En Ecuador la irrupción de los pueblos indígenas en la vida social y política del país, significó la irrupción del 'otro', del diferente, que asumió su lugar en la historia.

La realidad plural del país se manifestó cuando el indígena surgió como actor importante en la vida sociopolítica. Entonces se asumió que el 'otro' existe y que tiene sus diferencias y sus derechos, y hay que respetarlo para construir un país más integrado. Esa manifestación tiene una imagen étnica muy marcada por las características propias de Ecuador y del mundo andino.

En Uruguay, donde los indígenas fueron exterminados por el fundador del partido colorado, el 'otro' tiene una imagen 'interiorana' con todo lo que eso representa. Cuando José Mujica irrumpe en el Parlamento uruguayo es el 'otro' que comienza a tomarse un recinto reservado casi exclusivamente a los que tomaban whisky importado.

Es la irrupción del 'otro' en la política uruguaya. Pero ese 'otro' tiene una particularidad, además de su ascendencia interiorana, tiene una formación intelectual que le permite moverse en cualquier ámbito y crecer en cualquier lugar.

En la campaña electoral de 2004 se vio una irrupción de los pueblos del interior que comenzaron a dejar de consumir política para pasar a construirla, fue la irrupción definitiva del 'otro' como protagonista de la vida sociopolítica uruguaya. La figura de José Mujica creció porque supo entender al 'otro', y lo entendió porque supo ser parte de él.

Sin ideologizar de más, con teoría y con práctica, y con una gran dosis de sentido común. Comprendiendo que a la realidad hay que cambiarla desde la vida cotidiana, porque es ahí donde se empiezan a modificar las relaciones de poder, donde se empieza a construir un imaginario diferente, que a su vez ayude a construir una sociedad diferente. El desprecio al 'otro', es como el desprecio al barro. Aunque el barro siga siendo el mejor material para construir.

Finalmente el Frente Amplio ganó la elección por primera vez. Tabaré Vázquez fue el nuevo presidente, Pepe se eligió senador y su sector tuvo una gran votación. Sin embargo, esa campaña generó miedo en muchos ciudadanos.

8.

Hacia la presidencia

En aquellos días le hice una entrevista a Pepe para un periódico de izquierda que yo dirigía en Ecuador, que se llamaba Tintají. Tocamos algunos temas políticos. Sobre el Movimiento de Liberación Nacional - Tupamaros me aseguró que si seguía existiendo era por haber mantenido su dignidad y sus principios, y al mismo tiempo haber sabido ser flexible, entre otras cosas porque nunca fue un partido sino un movimiento. "Para nosotros la flexibilidad, la apertura, siempre fueron un presupuesto".

Luego agregó: "No erramos sustantivamente en cuestiones de línea, y esto hace nuestra interpretación de lo que significa la liberación nacional. Éste es un tema en que la izquierda ha caído en distintas confusiones, por ejemplo pensar que liberación nacional es lo mismo que socialismo". Y ejemplificó: "Seguramente Suecia es un país que ha hecho su liberación nacional, lo cual no quiere decir que vaya hacia el socialismo".

Para Mujica, alcanzar esta meta intermedia habilitaba a "hacer alianzas honradas con vastísimos sectores y tener un discurso abierto, pero manteniendo los principios. Alianzas y discursos que de alguna manera son socializantes pero sufren las contradicciones de un proceso de liberación nacional. Hay que negociar acuerdos, muchos acuerdos".

De todas maneras, admitía que la liberación nacional representa sólo una etapa. "No quiere decir que ahí quede concluida la historia, pero para nosotros siempre fue un requisito determinante y previo. Estoy más cerca de Marx que de Lenin, porque no creo que una sociedad pobre, intelectualmente sometida y sin una alta capacitación pueda plantearse la construcción de una sociedad superior. De pretenderlo, se puede construir un monstruito, como ya ha pasado".

En diciembre de 2007, de regreso por Uruguay me vuelvo a encontrar con Pepe, que era Ministro de Ganadería. Volver a Uruguay siempre encerraba un descubrimiento y un redescubrimiento, mucho más si se trataba de pasar en el país casi un mes como no sucedía desde hacía mucho tiempo, y en un momento que se vivía un proceso político interesante con el gobierno del Frente Amplio, aunque con las contradicciones propias de procesos llevados adelante por movimientos amplios en los político y pluriclasistas en lo social.

En ese viaje fue la última vez que vi a Mario Benedetti recibiendo una condecoración del presidente venezolano Hugo Chávez en el viejo y querido Paraninfo de la Universidad de la República, monumento histórico de las luchas populares de Uruguay y América Latina, donde habló el Che y se forjaron tantas voces conjuntas de estudiantes y trabajadores.

Esos días en Uruguay fueron suficientes para vislumbrar que Pepe Mujica tenía todo para ser el futuro presidente de Uruguay. Pepe no solo tenía la capacidad de dialogar, unificar criterios e interpretar la idiosincrasia uruguaya como pocos. Pero además se había transformado en la principal puerta de entrada para la gente del interior del país que antes huía de la izquierda.

Con más experiencia, filósofo de la vida, hombre de campo y de ciudad, genio del sentido común, Mujica había logrado trascender la frontera del Frente Amplio para transformarse en líder nacional.

En esos días conversamos con Pepe sobre el interesante proceso que se abría en Ecuador luego de la elección de Rafael Correa, quien siempre aportaba con sus análisis para Tintají, y con la instalación de la Asamblea Constituyente. Al hablar de la realidad uruguaya le dije que tenía todo para ser el próximo presidente.

Tal vez la distancia, me hacía ver una realidad que, muchos compañeros del MLN-T no veían. Días después escribí un artículo analizando esa posibilidad. Faltaban dos años para las elecciones, con un trabajo más acentuado de la militancia, el fortalecimiento de una imagen ética ante la opinión pública y una mejor comunicación con los jóvenes asumiendo su lenguaje y sus reivindicaciones, en un año, lograría ser la mejor opción frenteamplista.

No tenía dudas que Pepe Mujica iba a ser el presidente, pero muchos compañeros se rieron. Me decían: es tu corazón tupamaro que te hace ver eso, pero es imposible que llegue a ser candidato y luego presidente. No pongas esas ideas en la mente del Viejo. Como mi forma de ser me hace actuar de acuerdo a lo que pienso, insistí en la opción y trabajé para posicionarlo públicamente. Pepe, lo tomó con humildad, pero no descartó la propuesta.

De regreso a Ecuador, en enero de 2008, fui como asesor de la Comisión de Soberanía, Integración y Relaciones Internacionales de la Asamblea Constituyente, dónde estaré hasta su promulgación de la nueva Constitución en julio. Luego militaré intensamente en la campaña para su aprobación en un Plebiscito en septiembre de ese año.

En marzo de 2009 durante una entrevista para una red de emisoras de Ecuador ante una pregunta mía, Correa dice que la elección del Pepe Mujica como Presidente de Uruguay en octubre de ese año, sería una muestra de la profundización de los cambios en ese país.

"Una eventual elección de José Mujica, significaría una profundización de los cambios que se vienen dando en América Latina y más específicamente en América del Sur y en Uruguay", aseguró el mandatario ecuatoriano, destacando que los cambios se iniciaron con Tabaré Vázquez.

Correa hizo un paralelo entre el significado que tendría la elección de Pepe y el que tuvo para Sudáfrica la llegada al gobierno de Nelson Mandela en su momento y dijo que sería el Mandela uruguayo. El mandatario ecuatoriano destacó los procesos de cambio en América del Sur, con gobiernos que están realizando la mayor inversión social en décadas, porque tienen una clara opción por los pobres.

En esos momentos, según las encuestas preelectorales en Ecuador, Rafael Correa sería reelecto en la primera vuelta de las elecciones presidenciales programadas para el 26 de abril, con las reglas de la nueva Constitución. En tanto que en Uruguay las encuestas señalaban que José Mujica vencería las elecciones primarias del gobiernista Frente Amplio en junio, y en octubre podía ser electo Presidente del país.

Tanto Rafael Correa como José Mujica evidenciaban un claro interés en fortalecer la integración de América Latina. "La clave para reconstruir la sociedad latinoamericana es romper el neoliberalismo y reemplazarlo por una convivencia basada en la cooperación y en la solidaridad social", aseguró Correa. Por su parte Mujica durante el lanzamiento de su campaña en Montevideo, elogió al gobierno de Rafael Correa y de otros presidentes de izquierda de América del Sur.

"Importa la suerte de los que viven, de cómo viven, por eso gracias a los Tabaré (Vázquez), a los Lula (Da Silva), a los Evo (Morales), a los (Rafael) Correa, a los que pelean como pueden y zurcen. Están abriendo un horizonte distinto que ni siquiera podríamos imaginar hace 30 años", afirmó José Mujica

"Gobernar con una visión progresista es zurcir todos los días, tejer alianzas permanentemente, tratar de ensanchar en todo lo posible la base de sustentación, tratar de limar las contradicciones más peligrosas, preocuparse por el salario, preocuparse día a día por el trabajo, preocuparse porque la tajada gruesa no condene a la inanición a otros", aseguró el dirigente tupamaro en esa oportunidad.

En aquel momento me sentí reconfortado por aportar en la aproximación entre Pepe y Correa, y entre la izquierda uruguaya y ecuatoriana.

9.

Tal cual es…

Días después, escribí un artículo titulado "Pepe tal cual es…" que analizaba la autenticidad de Mujica.

Juan Carlos Onetti dijo alguna vez: "Lo más importante que tengo sobre mis libros es una sensación de sinceridad. De haber sido siempre Onetti. De no haber usado nunca ningún truco… de no haberme estafado a mi mismo ni a nadie nunca. Todas las debilidades que se pueden encontrar en mis libros son debilidades mías y son auténticas debilidades".

Creo que fue en una entrevista con María Esther Gilio. Si alguien leyó la obra de Onetti y leyó su vida no tiene duda que fue así. Su obra es un reflejo de su vida y su vida es un reflejo de su obra. Nunca se le hubiese ocurrido hacer de Santa María un pueblo de telenovela, por ejemplo.

No hay duda que cuando uno escucha hablar a José Mujica nota una sensación de sinceridad y enseguida percibe que Mujica ha sido siempre Mujica, que no ha usado ningún truco… que no se ha estafado a si mismo ni a nadie, y que todas las fortalezas y debilidades que se pueden encontrar en su discurso y en su accionar son fortalezas y debilidades suyas.

Cuando la gente vota por Mujica sabe que está votando por alguien que nunca se estafó a si mismo ni estafó a nadie. Y si analizamos un poquito esa autenticidad, tal vez la encontremos en el fondo de una cosa que algunos le llaman uruguayez. Esa cosa rara que a veces no sabemos qué es, pero sabemos que existe cuando suenan los tamboriles, o aparece una murga en el escenario, o vemos unos gurises haciendo un picado, o entramos al Paraninfo de la Universidad o al Salón de los Pasos Perdidos…

En esos día pasé a trabajar en el Ministerio Coordinador de la Política del gobierno de Correa, donde armé el Consejo de Estrategia Política. Allí estuve meses, pero en junio fui una semana a Montevideo para participar en la elección interna del Frente Amplio.

En octubre ante la elección presidencial dejé el gobierno de Ecuador y fui a participar en la campaña electoral de Pepe. No podía dejar de participar. Pepe ganó las elecciones en la segunda vuelta contra Luis Alberto Lacalle y el Frente Amplio tuvo mayoría parlamentaria. A fines de noviembre, tras la segunda vuelta escribí una carta abierta a Pepe titulada "Apuntes para una Carta a un Presidente Compañero" que decía:.

Querido Compañero José Mujica, Viejo Pepe:

Hay sensaciones y sentimientos encontrados en estas horas. Pienso en la bandera gigante de Otorgués que llega por Ejido a la vieja playa Ramírez de tantos encuentros y desencuentros en mi mundo de gurí. Cientos, miles de banderas. La luna asoma y la brisa trae un aire fresco como el que trajeron los jóvenes a esta campaña electoral. Los jóvenes han dado una lección, tantas veces aprendida y desaprendida: no se puede ir ni atrás ni adelante del pueblo hay que caminar a su lado.

Ver a Galeano conversando contigo la noche previa a la elección, en un local lleno de gente de diversos países de la América de acá abajo, y sentir que están ahí es como reivindicar al Uruguay. Eduardo es parte de la mejor imagen del país. Más que cualquier Ministro o embajador, parte del Uruguay respetado y admirado en el exterior. Ver al pueblo este domingo en las calles, un pueblo que te siente parte suya. Ver a varios compañeros y compañeros que pudieron estar para vivirlo con los ojos brillantes. ¡Cuantas lágrimas de emoción surgieron de nuestros ojos, de nuestro corazón y de nuestro recuerdo este domingo!

Nunca mejor remarcar, como lo hiciste que esta batalla la dieron tantos compañeros y compañeras anónimos que no se ubicaron para la foto a la hora del triunfo, y que ellos debían estar en el estrado. Allá por enero cuando tantos dudaban que pudieras ser candidato escribí en un artículo, recurriendo a Hegel, que reunías entorno a ti diversos elementos simbólicos que te colocaban como parte indisolublemente ligada al espíritu de la época. El espíritu de la época lo construyen los pueblos.

Hay momentos que los pueblos dan un paso atrás y dejan que los apurados corran. Entonces, esos apurados creen que van rápido, buscando atajos, y se asemejan a un caballo desbocado. Finalmente los menos apuraditos, que venían atrás, llegan junto a los pueblos.

Hay momentos que los pueblos se cansan de esperar a los que se retrasan demasiado, a los que creen que el camino es parte de la burocracia. Entonces les pasan por arriba y se desbocan, se rebelan, dejan de creer. Aquellos que se quedan siempre atrás, ven que la gente se va, se aleja y puede desbocarse. Entonces gana la derecha. Ahí se preguntan qué hacer sin la gente y maldicen a la gente…

Hay un momento para iniciar los cambios y otro para profundizarlos. La profundización de esos cambios se debe hacer en el momento adecuado, ni antes ni después. El momento en que la gente acompaña construyendo su futuro, creando y recreando el sueño individual y colectivo. Hay que saber que la gente te puede acompañar pero no significa que vaya contigo construyendo la realidad. Hay que saber entender cuando la gente va junto a ti ayudando a crear y recrear ese sueño individual y colectivo, del cual un gobierno puede ser una partecita nomás, y cuándo solo te acompaña sin involucrase en el camino.

Qué hubiese sido esta campaña sin esa gente joven que llamó a defender la alegría. Sin la gente que se jugó a pesar de quienes creen que el camino es una caja bien cuadrada, quieta armadita institucionalizada, casi tanto como el local central del Frente Amplio. Qué hubiese sido de la gente si vos no hubieses revivido la esperanza. Qué hubiese sido de vos sin la gente y sin la esperanza.

La elección Compañero, Viejo Pepe, te coloca en un enorme compromiso. Nadie tiene un compromiso tan grande con la gente como vos, y casi-casi no tenés derecho a fallar. Ningún Presidente ha tenido un compromiso tan grande. Es dura, pero es así compañero.

Es así por toda tu historia, la de todos los momentos. Es así por todos los que no están y se jugaron para que este país y la América de acá abajo sean algo mejor, algunos dejando su vida muy jóvenes, tan jóvenes como esos que hoy dieron vuelta la campaña. Es así porque la América Latina tiene cifrada una gran esperanza en vos. Es así porque los orientales y orientalas ven que vos sos casi- casi una fotografía de la esperanza.

Compañero, un gobierno se construye con pasión, con razón y con eficiencia. Pero ningún gobierno progresista se construye sin la gente. Este tiempo es un tiempo para soñar, para reforzar la esperanza, para construir utopías, mañana será un tiempo para que los sueños, las esperanzas y las utopías se empaten con la realidad. Nunca te olvides que vos pasas pero la gente sigue, ahí atada a una historia que las escriben quienes sobreviven, atada a una esperanza posible, atada sus sueños de futuro.

Viejo Pepe, no dejés que se extravíe la esperanza. Menuda tareíta te toca. Pero así es la vida. Seguramente la vas a enfrentar como la enfrentaste siempre, buscando y rebuscando que este paisito sea un poco mejor, un poco más igual, un poco más de todos y de todas.

En estas horas, recordando a mi hermano Enrique, que cayó pensando-haciendo la revolución; pienso también en ese enorme desafío de lograr que los jóvenes no queden en el camino. Quedarse en el camino ya no es encontrar la muerte en un enfrentamiento, es cansarse de las piedras que ponen burócratas viejos y jóvenes. Quedarse en el Camino puede ser irse del país para ser extranjero en todos lados, incluido el paisito porque no se tuvo el lugar necesario para seguir en el camino. Quedarse en el camino no es solo la falta de un trabajo, es la falta de un espacio de participación donde opinar y decidir, donde ayudar a construir el camino, sin ser solamente utilizados...

Ahora, recordando a Raúl Sendic siempre, el joven y el viejo Raúl. Aquel del que tanto aprendimos, y del que seguimos aprendiendo. El Raúl de las marchas cañeras y los análisis económicos dando luces. El Raúl de la dignidad, quedándose en el país cuando podía haberse ido como lo dijiste alguna vez. El Raúl y que apostaba a los jóvenes, al verdadero compromiso y la creatividad de los jóvenes. Ahora, recordando tu propio camino querido compañero, Viejo Pepe, ahora es un buen momento para decirte como siempre, que habrá patria para todos, seguramente que habrá patria par todos...

10.

Un camino sin fin

Regresé a Ecuador con la alegría de haber vivido para contar esta nueva historia, y en parte haber sido protagonista. En enero de 2010, voy como asesor del Ministerio de Relaciones Exteriores de Ecuador y en mayo soy nombrado Viceministro, dónde estaré dos años con una labor intensa en la consolidación de una nueva política exterior y de la integración latinoamericana. En muchos temas trabajamos en conjunto con Pepe, como en la ratificación del Convenio de Unasur (Unión de Naciones Suramericanas) y su fortalecimiento. Dos por tres nos encontrábamos en reuniones internacionales.

El 30 de septiembre de 2010, se produce un intento de golpe de estado contra el gobierno de Rafael Correa en Ecuador, y secuestro del propio presidente. Ante la coyuntura, dividimos tareas con el Canciller: él se dedicó al trabajo político interno y yo al trabajo internacional.

La primera persona que llamé para iniciar la campaña de denuncia internacional ante el golpe fue a Pepe Mujica, quien se comunicó enseguida con la Presidenta de Argentina, Cristina Fernández, y otros presidentes para convocar una reunión urgente de mandatarios sudamericanos. Aquel día, en todo momento Pepe estuvo preocupado consultándome como se desarrollaban los hechos hasta que Correa fue liberado.

En abril de 2012 renuncié a mi cargo de Vicecanciller por estar en desacuerdo con la firma del Tratado de Libre Comercio de Ecuador con la Unión Europea pero seguimos siendo amigos con Rafael Correa.

En Junio de 2012 viajé a Montevideo para presentar el libro Tal cual es –el camino de José Mujica a la presidencia-, que reúne crónicas de la campaña del 2009. Pepe estuvo presente y habló en el acto.

A fines de 2012, Pepe me propone que regresé a Uruguay para ser Secretario de Comunicación del gobierno. La noticia se filtró antes del nombramiento, y los medios de comunicación de la derecha hicieron una campaña con artículos y editoriales diciendo que mi designación seria un peligro para la libertad de expresión. Luego de veinte años fuera del país yo era tratado como un intruso.

Ante esa campaña se descartó el nombramiento. Meses después Pepe me nombró Embajador Itinerante para Unasur, Celac (Comunidad de Estados Latinoamericanos y Caribeños) y Alba (Alianza Bolivariana para los Pueblos de Nuestra América) con el objetivo de vincular más a Uruguay con esos procesos de integración.

Fueron meses de contradicciones con el Vicepresidente que buscaba acercar al país a la neoliberal Alianza del Pacífico y, sobre todo, con el canciller uruguayo Luis Almagro, quien trabajaba muy vinculado a la embajada de Estados Unidos y actuaba de acuerdo a lineamientos de la propia embajadora. Sus actitudes contrarias a la integración y al proyecto progresista se hicieron cada vez más evidentes.

Ante eso le informé a Pepe y luego renuncié con una carta en que dejé claro las acciones de Almagro. Años después, en un encuentro con Pepe, reconoció su error por confiar en él y me señalo la enorme decepción por el camino de traición a principios del ex canciller uruguayo, quien desde la OEA asumió una posición contraía a la de Pepe y de América Latina.

Han sido años de amistad y trabajo conjunto con Pepe Mujica, desde diversas instancias. La vida nos colocó en momentos importantes de la construcción política de América Latina, pero el camino nunca termina…

LOS LABERINTOS
DE LA VIDA

En la década del 60 y principios del 70, una organización guerrillera de Uruguay logró simpatía a nivel internacional, por sus acciones político-militares, el Movimiento de Liberación Nacional – Tupamaros (MLN-T), que asumió los símbolos del revolucionario independentista José Artigas. En ese movimiento confluyeron personas de diversas organizaciones de izquierda, uno de los dirigentes fue José Pepe Mujica, quien muchos años después llegaría a ser presidente de ese país.

Esta conversación es un aporte a la reflexión sobre la realidad del mundo actual. La política y la economía global, los gobiernos progresistas y las luchas sociales, el acuerdo de paz en Colombia, las dificultades de Venezuela y el legado de Hugo Chávez, el golpe parlamentario en Brasil, el capitalismo actual y la cultura del consumismo, el significado de la democracia, la necesidad de consolidar el proceso integrador, la política internacional de Estados Unidos, el futuro de los campesinos y el control de la semillas por parte de las trasnacionales, el socialismo y los quijotes que quedaron por el camino, son algunos de los temas tratados en este diálogo a dos voces.

KINTTO LUCAS. Conversar con Pepe es como caminar por los recuerdos y entrar en los laberintos de la vida, pero es también analizar el presente con proyección de futuro. Esta es una charla entre dos compañeros que compartimos algunos momentos de militancia política común, que hemos tenido acuerdos y discrepancias, pero sobre todo que seguimos compartiendo raíces tupamaras.

El viejo Pepe hoy es un referente en diferente países, sobre todo para muchos jóvenes. Hay muchos temas para tratar, pero tal vez debemos iniciar con el acuerdo de paz en Colombia. Ayer los campesinos miraban la guerra como parte de un camino.

Hoy recuerdan tantas luchas que vivieron y tantas que no vivieron, porque ya son tantos los años, que son varias las generaciones. Se fueron a volver de la guerra y ahora recuerdan el pasado, casi, casi llegando a la paz. Algunos se preguntan todavía ¿qué es la paz? ¿Vale la pena la paz? En Colombia la gente mira la paz como parte de un camino que se va construyendo. Un tejido difícil porque a veces los hilos no coinciden en el telar. Pero hay que buscar que coincidan…

JOSÉ MUJICA: Yo creo que, si bien fue una negociación que demoró cuatro años, justamente, ese tiempo que se hacía interminable para muchos, está demostrando el esfuerzo y la seriedad del esfuerzo, el compromiso que hay detrás. No es cualquier cosa lo que se acordó. Por un lado, tiene como cosa gigantesca la promesa de terminar un largo conflicto, obvio, cuyas dimensiones sociales, políticas y económicas son muy difíciles de medir. Por ahí, desde el punto de vista de la economía, hay quienes hacen unos cálculos que podrían ser más o menos cuatro veces el Plan Marshall, para dar una idea… Pero en realidad, analizando el conjunto de cosas que rodea el acuerdo para hacerlo posible, vemos que es un proyecto de país para una nueva Colombia.

Hablando del tema campesino que mencionas: su capítulo dedicado a la Tierra, por ejemplo, es trascendente. Colombia es un país donde probablemente 60% de la tierra no tiene título, ni se sabe de quién fue ni nada y está todo en cuestión, sin un catastro, ni institucionalidad, con doce millones de campesinos pobres, que han estado abocados a la producción de coca. Son poblaciones económicas marcadas por la coca, que se vende al contado y se vende bien.

El maíz y los frijoles que pueden cosechar no dan para vivir, hay un problema económico que determina la realidad del campo colombiano. A veces nos olvidamos de cosas elementales, pero la coca ha sido una forma de subsistencia de los pobres en el medio de campos abandonados, de selvas, de una geografía sin caminos, sin institucionalidad, sin organización social de mercado mínima, como para resolver el problema.

En ese contexto hay que entender la economía de la coca, que también debe derramar bienes sobre la economía formal, porque sino uno no se puede explicar que Colombia tenga un PIB (Producto Interno Bruto) como el de Argentina ¿De dónde sale esto, verdad? ¿Magia? No, hay algo que no se ve, ni se mide.

Bueno, pero el texto del acuerdo considera todos eso, porque saben que ese será un verdadero problema para los gobiernos que vienen y para las propias FARC (Fuerzas Armadas Revolucionarias de Colombia) quienes apuestan a convencer integradas a la política. Timochenko dice: "Nuestra arma será la palabra", y quiere simbolizar mucho con eso. Claro que hay un capítulo de incertidumbre, está la historia de lo que pasó con la Unión Patriótica con 5000 dirigentes asesinados.

Es la historia de Colombia, que no empezó ayer, un país que tiene la trágica historia de resolver sus conflictos políticos a balazos. También este acuerdo es una lección para todos: el valor que tiene la tolerancia y la convivencia en una sociedad, porque sociedades sin contradicciones, no es más que una quimera del género humano. Sociedades sin contradicciones no existen.

KINTTO LUCAS. En América Latina y particularmente América del Sur, desde hace algunos años vivimos procesos de gobiernos progresistas, como parte de la etapa post-neoliberal. Sin embargo, por más que algunos han hablado de revolución o de socialismo y les agregan algún apellido, la verdad que no hubo ni intento de revolución ni intento de socialismo. Y parece obvio que es imposible llegar al socialismo sin transitar primero el camino de la liberación nacional.

En ese camino, y como parte de ese proceso es necesario apropiarse de la democracia y resignificarla. En América Latina en general y

Ecuador en particular, la democracia y la participación política se redujeron al acto de votar. Sin embargo, la democracia supone el involucramiento efectivo de la sociedad en la toma de decisiones. La democracia que debemos lograr debe sustentarse en el debate permanente y, sobre todo, en un proceso donde los ciudadanos sean los gestores de su desarrollo.

Esta democracia radical supone entonces la construcción de ciudadanía, es decir, sujetos de derechos que puedan ejercer el poder. Por lo tanto, fortalecer la democracia implica promover la participación social en todas sus formas. Esta democracia radical debe ser llevada a todos los espacios de la vida social: al Estado, a las empresas, al barrio, al movimiento político, incluso a la familia.

En el caso ecuatoriano, aunque formalmente los derechos de ciudadanía estaban extendidos al conjunto de la población, en la práctica teníamos ciudadanos de segunda clase, relegados por su condición económica o pertenencia étnica. En ese sentido, la ciudadanía debe ser extendida a toda la población, lo que no implica, por supuesto, un proceso de homogenización cultural que atente contra las particularidades de los pueblos y nacionalidades.

Entonces, el proceso de liberación nacional hacia el socialismo pasa por la construcción de una democracia ciudadana, que significa además recuperar la acción colectiva desde los barrios y comunidades, y recuperar la movilización social.

JOSÉ MUJICA. De acuerdo, pero los seres humanos, aparte de las diferencias de clase, que son notorias, tenemos diferencias que son de individuos, aún dentro de las clases. La naturaleza nos hace semejantes, pero con una rayita particular, no hace cosas idénticas e iguales como el que fabrica ladrillos, no.

Por lo tanto hay que pensar que por nuestras imperfecciones son inevitables los conflictos en las sociedades. Entonces, el capital de la tolerancia para convivir no es, como pudimos pensar en una época, un subproducto liberal de la burguesía, en realidad es un valor para el género humano, frente al cual no hay que retroceder, por el contrario hay que defenderlo.

Quienes hemos andado siempre un poco retobados, peleando y con todo lo demás, tenemos que darnos cuenta que es un valor a defender. Casi diría que es la cosa más esencial que pueda tener la idea de Democracia ¿Cómo convivir en Democracia si no soportamos las diferencias que se dan en la convivencia?

Uno a lo largo de los años empieza a descubrir algunas cosas. Por ejemplo, yo creo que las clases sociales tienen historia, y por estar sometidas a la historia, tienen diferencias notables en sus distintas etapas.

No son lo mismo los señores feudales del siglo VIII y IX, que vivían en castillos de piedra que parecían cuarteles, duros, que debes en cuando los debían abandonar por las chinches y los piojos, muy responsables de la suerte de sus vasallos, pero señores de la guerra, vestidos con armadura; que los señores feudales del siglo XV y XVI que dejan la armadura y se ponen bucle, de manos y gestos refinados, y se transforman en lambetas cortesanos de los reyes. No son lo mismo, son feudalismos pero muy distintos.

En ese sentido, no es lo mismo la burguesía fundadora, cuáquera, que hace mítico el trabajo y el ahorro como orgullo nacional; que la burguesía acumulativa y especulativa de nuestro sistema financiero contemporáneo. No son lo mismo, hay diferencia por más que pertenezcan a la misma clase, ¿verdad? Entonces, analizando estas cosas, vemos también que es necesario cuidar el factor de la convivencia, que es el desafío más grande que tiene Colombia.

KINTTO LUCAS. Colombia y Uruguay son países bastante diferentes. Las guerrillas también fueron distintas, hasta por la propia geografía de cada país. Sin embargo, el hecho de que el MLN – T, luego de su derrota militar, de tantos presos, muertos, desaparecidos, se insertara en la política legal, e incluso tu llegaras a la presidencia, tal vez sea un ejemplo para tener en cuenta por las FARC, ¿o tal vez no?…

JOSÉ MUJICA. Yo pienso que sí. Humildemente, en lo que me es particular, he conversado largamente dos o tres veces con la dirección de las FARC que estaba en La Habana sobre estas cosas. En la batería argumental hacia las vacilaciones, la oposición, la gente que piensa en el No, dice que los acuerdos entregan el poder a las FARC: "mañana van a estar en el poder, porque tienen esto, porque tienen lo otro" dicen. Eso es una fantasía, razonar así es una fantasía.

En ese sentido es como pensar que nosotros llegamos al gobierno por nuestra historia de guerrilleros. ¡No es así! La gente no vota guerrilleros, porque la gente mira un poco hacia atrás, pero un poco, no mucho, a veces demasiado poco diría, porque tenemos los ojos hacia delante.

La gente espera saber cómo le va en la feria mañana. Está preocupada si es que tiene trabajo o le solucionan los problemas económicos, si tiene que pagar la luz, y todo eso. Ahora incluso sabemos un poco más de lo que sabíamos antes. Sabemos que cuando se logra que la gente supere la pobreza crónica, se inserta en la sociedad de consumo y quiere más.

Entonces pasa a ser más exigente, y se hace crítica. Lo que le atendiste ayer creyendo que era un progreso fantástico, en el fondo solo le ayudaste a insertarse en la sociedad de consumo (risa entrecortada). Ahí tenés que palpar las mieles de lo que le pasa al PT en Brasil!, por ejemplo. ¿Verdad?

No esperes gigantesca gratitud de las masas porque dejaron la pobreza, así como así, si no pudiste desarrollar un grado de consciencia. Si la gente se diera cuenta que esa mejora no cayó por generación espontánea o por mérito personal, sino por lucha política de los seres humanos tal vez entienda mejor y se involucre más en los procesos. Así que no hay agradecimientos ni reconocimientos (entre risas). Eso no lo sabíamos, ahora lo palpamos… y hay que aprender. Seguro que la gente tiene el derecho de seguir mejorando, pero tengo mis dudas sobre lo que significa mejorar más…

KINTTO LUCAS. (Entre risas) Claro, y ¿qué es mejorar además?...

JOSÉ MUJICA. Si, ¿qué es mejorar además? Porque ahí está, el capitalismo ha sembrado una idea de progreso permanente que está ligado al mejoramiento económico para consumir más cosas, entonces mejorar significa consumir más. Además inventó que las cosas duren poco (carcajadas), ¿verdad? Entonces se creó la idea de que el progreso no tiene nunca fin. Ahí surge la otra pregunta: ¿en ese progreso el hombre es más feliz? Ahí la cosa cambia.

Lo que ha habido de investigaciones en el terreno, hasta dónde sabemos, si la gente tiene 20 o

30 años tiende a creer que si tiene más cosas es más feliz, o si tiene más poder, más fama o más plata, es más feliz. Pero cuando empieza a pasar los 50, los tipos empiezan a pensar distinto, ¿verdad?

KINTTO LUCAS. Parece que los gobiernos progresistas en lugar de crear ciudadanos crearon consumidores. Pero eso está también en el modelo. Salieron del neoliberalismo, pero consolidaron un modelo de consumo que venía del neoliberalismo. Se habló mucho de economía solidaria, pero en un modelo consumista es imposible fortalecer un proceso de economía solidaria. Y cuando aparece la crisis, parece que enseguida lo más fácil es recurrir al ajuste. La democracia radical y la economía solidaria son parte del mismo proceso de liberación nacional y, obviamente, de la misma construcción simbólica.

Las asociaciones de consumo, las cooperativas, los sistemas de producción agroecológica, las empresas gestionadas por los trabajadores, que para vos han sido muy importantes, la construcción de viviendas por ayuda mutua y diversas organizaciones económicas de ese tipo, muchas veces no se reconocen como tales sino como instancias sociales de solidaridad. Entonces no se asume que podrían dejar de estar aisladas si son parte de un modelo económico basado en la economía solidaria, en el cual el Estado juegue un papel de cohesión.

Un modelo económico que no está basado en una economía solidaria no logra una mejor redistribución de la riqueza, por lo tanto no elimina la vieja brecha entre ricos y pobres, y mantiene intactas las estructuras económicas que provocaron la realidad que supuestamente se intenta cambiar. La economía solidaria no significa incorporar nociones de solidaridad en las prácticas económicas, significa transformar la economía.

Los sectores neoliberales lograron instalar en el imaginario colectivo que la solidaridad es necesaria para resolver ciertos problemas sociales que la economía no puede superar. Así, la solidaridad no es parte de la economía, es solo una acción que aparece luego que la economía ha producido sus efectos. Entonces la "solidaridad" es sinónimo de caridad o beneficencia y termina transformándose es un elemento utilizado para que todo siga igual.

La economía solidaria implica que la solidaridad se introduzca en la economía misma, y que opere y actúe en las diversas fases del ciclo económico, o sea, en la producción, circulación, consumo y, aunque suene contradictorio, en la acumulación. Propone transformar desde dentro y estructuralmente a la economía, generando una nueva racionalidad económica. Implica un modelo de desarrollo solidario. Pero no es lo mismo que la solidaridad sea parte de todas las instancias de la economía, de las empresas, del mercado, del Estado, del consumo, del gasto colectivo e individual, que existan ciertos comportamientos solidarios dentro de las actividades económicas. Vos hiciste un excelente trabajo con la fábricas autogestionadas, que son parte de un modelo de economía solidaria.

Hoy, más que nunca, deberíamos consolidar la economía solidaria como alternativa, desde afuera y desde adentro del Estado. Pero ahora algunos gobiernos progresistas están en declive. En los gobiernos progresistas mucha gente salió de la pobreza, se trabajó en lo social de distintas formas, pero no se lograron cambiar estructuras y, ahora, más allá del avance conservador, se empieza a ver un retroceso dentro de las políticas de esos gobiernos. ¿Cómo se puede interpretar el surgimiento y declive de los gobiernos progresistas?

JOSÉ MUJICA. Seguramente que debe haber como en todo fenómeno profundo múltiples causas, pero pienso que algunas fundamentales están en el agotamiento de las posibilidades que da el propio sistema y no haber podido superar las contradicciones del propio sistema. Y algo muy importante, no haber establecido una batalla en el campo de la cultura, una batalla que sustituya la cultura del consumo.

En una época pensamos que cambiando las relaciones de producción y distribución cambiaba matemáticamente la sociedad, grave error, sabemos que la cultura cumple un papel determinante, cada vez más, y nosotros no participamos en afrontar esa batalla cultural.

Los dirigente padecimos lo mismo: usamos los mismos coches, los mismos secretarios, las mismas alfombras, la misma parafernalia, nos sentamos en la misma mesa en que se sentaban ellos, etc. Y al final de tanto negociar y tener que acomodar el cuerpo, creo que le trasladamos confusión a la gente. En la imagen del colectivo somos lo mismo, aunque no lo seamos, no importa, es lo que le representamos a la gente. Creo que en parte, puede existir algo de eso.

KINTTO LUCAS. Otro tema fundamental, aunque a veces se utilice solo como excusa para no profundizar en cambios económicos, es la realidad del mundo actual. El efecto de la economía transnacional, cómo se acentúa la desigualdad, el aumento de la concentración de la riqueza y la falta de respuestas a las clases medias de los países desarrollados, las nuevas formas de explotación, las nuevas debilidades del ser humano y mucho más...

JOSÉ MUJICA. Hay un péndulo histórico hacia la derecha que está afuera de América Latina, está en el mundo, porque cuando uno ve en Estados Unidos y Europa los discursos... No me impresionan los discursos ultraderechistas, lo que me impresiona es la gente que sigue esos discursos, que no son marcianos, son parte de la sociedad americana y europea, potencias mundiales...

Cuando escuché a los que votaban contra Merkel, hablar como si ella fuera un epicentro de la revolución mundial, me preocupé. ¡Por favor! ¿Ha salido algo como para pensar que Merkel era una revolucionaria? Estamos en un momento complicado de la coyuntura mundial y eso también influye en América Latina.

Esto, a mi juicio, es una consecuencia no buscada del efecto que tiene el auge de la globalización con el auge de la economía transnacional, que está produciendo, entre otras cosas una concentración de la riqueza de carácter pavoroso, acentúa la desigualdad. No es que multiplique la pobreza, multiplica la distancia entre ricos y pobres, la desigualdad.

Enormes sectores de la clase laboral como los obreros metalúrgicos norteamericanos, están ganando en términos de valor lo mismo que ganaban en el año 79, mientras que el PIB creció enormemente. ¿Dónde está ese crecimiento? ¡Ah! Se concentró en una patota de muy pocos tipos, y los tipos más pobres empiezan a percibir en su yo eso que ocurre.

Es decir, este mundo de la economía transnacional viene de la mano con una multiplicación de la concentración de la riqueza, y no está dando respuesta a enormes sectores de clase media elemental de los países desarrollados, que además los llena de incertidumbre.

Por ejemplo, después del TLCAN (Tratado de Libre Comercia de América del Norte) la industria automotriz americana salió de Detroit y otros lugares y se asentó en la frontera con México. Uno podría decir: esto es bueno para los obreros mexicanos que tienen trabajo. Pero los tipos ganan una miseria y además miles dejaron el campo porque no pueden competir con el maíz y el trigo norteamericano, y fueron a sobrevivir en la industria americana afincada en la frontera.

Pero igual no todos consiguen trabajo. México perdió dos millones de campesinos después del TLCAN. Pero a su vez, se le congeló el salario a los obreros metalúrgicos norteamericanos, porque no pueden competir con el salario de los trabajadores mexicanos. Entonces, ¿quién ganó en esa historia? Ganaron las grandes empresas y bajaron los costos de producción.

KINTTO LUCAS. Ahí están las consecuencias del Tratado Libre Comercio de México con Estados Unidos y Canadá. México ya ni produce maíz. Pero Colombia también esta viendo como se liquida el campo con sus TLC con Estados Unidos y Europa. Otros países parece que quieren ir por el mismo camino.

JOSÉ MUJICA. Claro, ahora México, dónde se originó el maíz, tiene que importarlo de Estados Unidos. ¿Qué te parece? Bueno, entonces esto produce una sensación de estafa. Este tipo de cosas genera el hipernacionalismo: Estados Unidos para los americanos, Francia para los franceses, Alemania para los alemanes...

Y la culpa la tienen los chinos, los que vienen de afuera, los que me quitan trabajo, esas explicaciones simplistas que dan resultado electoral en la gente que tiene angustia y se engancha en discursos como el de Trump sobre la construcción de los muros con México y todo lo demás. Es espantoso, porque esa película ya la vimos en la década del 30, pero como el ser humano es el único bicho capaz de tropezar muchas veces con la misma piedra, se está dando un auge de las *"derechas de las derechas"*. Tenemos que ver los matices, ¿no?

KINTTO LUCAS (Risas) También tenemos que ver nuestras derechas. Hay algunas diferencias entres esas derechas y las nuestras...

JOSÉ MUJICA. Claro, tenemos una derecha con la que se puede pelear, andamos a los tortazos, pero, más o menos, funciona dentro del marco. Ahora, surge otra derecha que está en contra de esta derecha, habla de la raza y tiene apoyo popular. Tenemos experiencias y antecedentes sobre eso, porque Hitler subió con los votos, también Mussolini. La masa los apoyó. En ese marco debemos ver la historia del acontecer en América Latina, porque no es tan independiente como parece, y claro, además nuestros propios errores, que a veces cuesta reconocer.

KINTTO LUCAS. Nosotros desde Ecuador, y en particular yo como vicecanciller, estuvimos contra la intervención de la OTAN en Libia porque provocaría una guerra civil de consecuencias impredecibles y abriría la intervención en Siria. Luego contra la intervención en Siria, Dijimos que iba a pasar lo que hoy está pasando. Que se iban a generar terribles guerras civiles con resultados de muerte, destrucción y miles de refugiados. Lo dijimos y lo repetimos mil veces.

Los medios de comunicación nos atacaron y dijeron que éramos defensores del régimen libio y sirio, que quedaríamos aislados, y un montón de barbaridades más. La realidad nos dio la razón. Eso no sirve de nada porque los muertos siguen inundando el Mediterráneo.

Pero ahora ni los grandes medios de comunicación internacionales, ni los de nuestros países, que lo único que saben hacer es seguidismo, ni los políticos de derecha, ni los de izquierda que no tuvieron capacidad de ver lo que ocurriría o prefirieron acomodarse, nadie dice nada, solo disfrazan una cara de supuesto horror y muestran su hipocresía. Hicieron una utilización política de los derechos humanos y devastaron Libia para explotarla mejor. Ahora destruyen Siria. ¿Por qué el Consejo de Seguridad no pide una intervención en Guantánamo para que constaten la violación de derechos humanos? Parece que el mundo sigue siendo una farsa.

La OTAN mató más gente que Gadafi y eso nadie lo dice. Los países de la OTAN se quedaron con el dinero de Libia, no de Gadafi, y eso nadie lo dice. Las intervenciones llevan más muerte a los países en los que se interviene. Hay una doble moral en el mundo y eso se refleja en los organismos internacionales. Controlar Siria es contralar definitivamente el Medio Oriente.

Cuando las violaciones a los derechos humanos las comete Estados Unidos, o la OTAN, no hay condenas, nadie dice nada. Y eso lo podemos trasladar a América Latina, por ejemplo en el caso de Venezuela. Acá ningún señorito de la OEA pagado por los dólares estadounidenses sale a decir nada contra Estados Unidos, pero corren para hacerle los mandados. Hay una utilización política con Siria, como antes la hubo en Libia. Y hay una utilización política contra Venezuela.

Mientras Gadafi era amigo de los que después le atacaron, no había problema, no era violador de derechos humanos, pero cuando dejó de ser amigo, sí. El narcotráfico, el terrorismo, la lucha contra la guerrilla en determinados momentos fue también un arma política de las grandes potencias. En fin...

Tu has señalado algunos errores que ha cometido Venezuela, podríamos señalar distintos errores, pero quién no ha cometido errores, y más allá de remarcar esos errores que ha tenido Venezuela y que los tiene ¿hay derecho a que se meta alguien de afuera? ¿Qué se quiera intervenir en ese país? ¿Que algunos que se dijeron de izquierda trabajen abiertamente para Estados Unidos y sirvan de voceros de la intervención?

JOSÉ MUJICA. ¡No tienen ningún derecho!, pero además esto es sarcástico, muy sarcástico, porque los errores y los motivos son muy de ellos y son ellos los que lo tienen que solventar y resolverlos, y, ¡qué joden con la Democracia en Venezuela y no dicen una sola palabra de lo que pasa en China!

KINTTO LUCAS. O en Arabia Saudita…

JOSÉ MUJICA. O en Arabia Saudita… No dicen nada, ¿verdad? Pero sobran ejemplos para señalar a Venezuela, pequeñas verrugas al lado de los desastres que se han provocado en el mundo. Ahí no dicen nada, porque son potencias que influyen en las decisiones del mundo de hoy las que cometen esos desastres. Entonces no puedo considerar la tolerancia de Estados Unidos con algunos países que son sus amigos.

Es una política bastante cínica la de utilizar los derechos humanos. ¡No me jodan! ¿Los derechos humanos? Si vemos en los últimos años, Estados Unidos y sus aliados tienen un balance nefasto. Donde intervinieron no hay otra cosa que desastre, desarticulación: Afganistán, Iraq, Libia, Siria... ¡Mira lo que hicieron!

Apuesto que el modelo que tienen de paz en Siria es la balcanización, hacer lo que hicieron en Yugoslavia, balcanizarla, aprovechar una Siria Chiita, otra Sunita, Kurdistán y después atomizados utilizarlos de uno en uno... Que Dios me perdone, pero esa película también la hemos visto muchas veces...

KINTTO LUCAS. Ahora, en esta América Latina actual, real, que estamos viviendo, ¿cómo se puede interpretar la realidad de Brasil o la de Venezuela? Son momentos difíciles.

JOSÉ MUJICA. Son momentos muy difíciles. En la firma del Acuerdo de Paz en Colombia, estuve hablando con Serra, el Canciller de Brasil, me agarra y me dice: —mire, sé que estamos en el lado opuesto -el sabe que soy amigo de Lula—, pero me recordó que estuvo refugiado en el Uruguay en la casa del viejo Cultelli. ¡Caete de espaldas! ¡En la casa del viejo Cultelli! (1)

KINTTO LUCAS. ¡Así es la vida!

JOSÉ MUJICA. ¡Pero viste vos, así es la vida! Es que no se puede creer, yo no sabía, no me acordaba, si lo supe alguna vez. Ese canciller de derecha que participó en la caída de Dilma, que fue candidato en alguna campaña electoral, estuvo exiliado en Uruguay, en la casa del viejo Cultelli (1). Y por más que estamos en distintos lados, yo no voy a dejar de hablar con él. Sería una tontería porque lo peor es negar la realidad, pero sabe bien que soy amigo de Lula y lo que pienso…

Ahí está uno de los problemas, los compañeros venezolanos no saben hacer política, tienen la enfermedad de Caín, se mandan declaraciones que no sirven para nada, porque a veces hay que hacer declaraciones, pero uno tiene que ver qué resultados dan. No hay que confundir bulla con propaganda, decía el Bebe (Raúl Sendic).

Una cosa es el pamento periodístico y la repercusión, otra cosa es lo que te dejan esas declaraciones, porque nosotros necesitamos una política de alianzas y no podemos escupir lo que está más cerca o más vacilante, aunque no sean nuestros, porque hacer eso es una bonita manera de quedar más y más aislados. No me parece que sea inteligente, es posible que la política interna de ellos sea a raja tabla, esa es otra historia, pero la política exterior no puede ser a raja tabla, no debe ser a raja tabla.

Pero bueno, a mí me preocupa mucho Venezuela por varias cosas, pero además está todo lo que sembró Chávez, todo, el más colosal batallador por la Integración Latinoamericana, sin duda. El gobierno más generoso que he conocido en la historia política en los años en que puedo medir la historia de América Latina.

A Venezuela le ha golpeado enormemente esta crisis del petróleo, además falta oficio político, creo que en Venezuela hacían falta un conjunto de reformas hace mucho tiempo, particularmente las que permitan tener un precio de moneda y cambiario racional y no de locos, porque eso desestabiliza cualquier economía y naturalmente pagan el precio.

Pero la renta petrolera le tiró al campesinado a la costa y se quedaron sin campesinos, entonces en Venezuela no hay cultura de producción de alimentos. Claro que eso ya no es responsabilidad de ahora, es hijo de la historia.

Es muy distinto a Colombia que tiene doce millones de campesinos. No me canso de decir que es más difícil formar un campesino que un ingeniero. Porque el campesino tiene un patrimonio de origen de nacimiento, pertenece a una cultura, podrá ser técnicamente atrasado y tener pocos medios, pero tiene una capacidad de simbiosis con su medio que se nota.

Entonces los países no pueden descuidar sus campesinos, y para sacarlos del estancamiento tecnológico y proyectarlos deben apoyarse en ellos como fuerza creadora, no pueden dejarlos de lado. Lo ha hecho Francia, que tiene una política proteccionista y tiene a los campesinos como en un jardín, los cuida, los subsidia, los tiene como modelo y vos recorrés la campiña francesa y parece un jardín.

KINTTO LUCAS. Y la alemana también…

JOSÉ MUJICA. Y la alemana también, ¡verdad!

KINTTO LUCAS. Pero volviendo al tema de los refugiados que ahora llegan a Europa por decenas de miles, y muchos quedan en el camino, en el Mediterráneo, en la playas, muertos, decenas de niños…

JOSÉ MUJICA. Es una gran paradoja Europa que envió migrantes a todo el mundo ahora quiere echar a los que llegan. Y llegan por la guerra que occidente sembró en Libia y Siria. Pero además el Capitalismo sembró el sueño de la vidriera consumista, y estos emigrados de ahora no son los mismos de antes. No son como aquellos emigrados que nosotros conocimos, los viejos tanos y los viejos gallegos que venían a nuestros países con la valijita de cartón.

Los emigrados de hoy tienen internet, tienen el telefonito, están conectados con quienes se quedan, y ni siquiera quieren quedarse en el sur de España o Italia, quieren rajar para Alemania, para el norte industrial y rico.

Claro, están atraídos por aquel foco cultural, por aquella imagen. Cosa curiosa, los sometidos también tienen edades, tienen historias… No son lo mismo los pobres de hoy que los pobres de hace cincuenta o cien años, estos son más modernos, por lo tanto son menos primitivos y más débiles.

Creo que pasa algo semejante a la ley de la zootecnia. Cuando tú cruzas seres muy alejados entre sí, en general tienen algunas características notables, suelen ser más productivos. Y cuando acentúas trabajos de selección, buscando aumentar la productividad, manejando las leyes de la herencia y los caracteres lo vas logrando.

Por ejemplo los animales de carne pueden tener más lomo, patitas más corta, en fin, los vas transformando en un largo proceso. Pero no te entusiasmes, cuando se le pone algo más, se le está quitando otras cosas y ¿qué es lo que se le quita?: rusticidad. Ese animalito más productivo, es más débil frente a las enfermedades naturales, ese va a sufrir una cantidad de enfermedades que los animales primitivos no sufrieron.

A veces pienso que a los seres humanos nos pasa algo de eso, cuando nos caza la civilización nos mejora en un montón de cosas, ahora nos debilita también en nuestra capacidad de resistir. ¿Cómo vivir sin agua corriente, sin luz eléctrica, sin gas? Es una tragedia ¿verdad?. (Entre risas)

KINTTO LUCAS. En esa realidad, más allá de la consolidación imperial, un punto fundamental para analizar es la hegemonía tecnológica de Estados Unidos, que se vincula con la influencia de los grupos de poder estadounidenses a nivel mundial y los efectos que puede provocar la masificación de la máquinas en el trabajo humano.

Además, se suponía que con una Rusia y China más fuertes, el fortalecimiento de los BRICS (Brasil, Rusia, India, China y Sudáfrica), se estaba creando un mundo multipolar, en el cual Estados Unidos ya no sería hegemónico, pero yo dudo que eso sea así.

Si vemos como actuó Estados Unidos para bajar el precio del petróleo, cómo sigue manteniendo un "liderazgo" sobre Europa, cómo sigue imponiendo la guerra para sacar beneficios económicos y de control geoestratégico -Libia y Siria son ejemplo-, podríamos decir que a pesar de ciertos altibajos, su hegemonía sigue siendo muy fuerte.

JOSÉ MUJICA. A ver, la verdad que el asunto es bastante complejo, porque Estados Unidos también tiene sus graves problemas, aunque sigue siendo por lejos la potencia militar desde el punto de vista técnico, pero a un costo también grande. Creo que Estados Unidos tiene la vanguardia, de largo, en el conjunto de ciencias que rodean la vida; en el paquete de las ciencias biológicas tiene una enorme ventaja fue el primer país donde se dio un núcleo capital de gente que vio la importancia de eso.

Es natural porque Estados Unidos siempre fue una potencia agrícola, es natural que haya profundizado en este tema porque al fin y al cabo es un país de granjeros, de farmers.

Estos antecedentes tienen mayor importancia en la economía moderna, pues su sistema de investigación y computación aplicada, lo mantienen en la vanguardia. Si a eso se suma la tendencia en la concentración del capital, vemos cómo mantiene su hegemonía.

Los grupos de poder económico de origen americano, tienen una formidable influencia lobbista en todos los gobiernos del mundo, todos de alguna forma u otra debemos padecer ese flagelo. Y la concentración económica, más el manejo de alta tecnología, más el capital, le multiplica la influencia lobbista en el mundo entero para ir laudando un sistema de decisiones a favor de esos grupos.

Ahora, otra vez estamos en las mismas, esto no le da respuesta a la expectativa de la clase media norteamericana, que es una espectadora más, que ve como se amasa la riqueza y se siente víctima porque no está participando del reparto.

Así, en ese sector de la sociedad se genera una gigantesca frustración que conspira contra la globalización de la derecha industrialista, concentradora, monopólica y modernista. Entonces a esa globalización le está saliendo un mounstrito que no es de izquierda, ¡no!, es de extrema derecha, es el hipernacionalismo y todo esto que venimos conversando.

Cuando Trump dice que quiere encausar la frustración que tiene esa parte estancada de la sociedad, aprovecha esa frustración colectiva de la clase media. Pero todo esto también genera, eventualmente, gobiernos autoritarios de distinto tipo, como el de Turquía, como los que pueden aparecer mañana en Europa, como Putin.

Cada uno está defendiendo su espacio. Creo que asistiremos a un tiempo complicado por esto. Y el modelo globalizador de las empresas transnacionales, que parecía triunfante y que venía a tambor batiente, no las tiene todas consigo porque les salió este monstruito al cual le aparecen cabezas por muchos lados.

Pero hay en el horizonte otra pieza que puede sacudir toda la estantería: la masificación de las máquinas inteligentes en el trabajo humano. Eso va a generar un cambio brutal en el trabajo del ser humano; van a colocar a la humanidad en una lucha colectiva similar a la que se produjo por conseguir las ocho horas, o la lucha por los bienes públicos.

Japón, por ejemplo, es un país muy adelantado tecnológicamente y carísimo, rodeado de mano de obra barata. Tiene todas las condiciones para que sea una especie de vanguardia en la introducción de máquinas inteligentes en el trabajo. Que la tecnología es muy útil no hay ninguna duda. Hace años que colocaron un tractorcito allá en Marte y lo pudieron manejar desde la Tierra como dos o tres años. ¡Por favor!, no es el problema tecnológico, la tecnología existe, ahora se empieza a bajar a lo concreto, se produce en masa, se bajan los costos, etc.

En Japón, ya existe un supermercado sin gente, hay una empresa que produce 15.000 lechugas por día con trabajo de máquinas. El 95% del trabajo lo hacen robots. Esto se irá incrementando. Hay una "señorita" robot, que pestañea, canta, tiene una programadora en 3D. Vos tocas la tecla y se funde en el aire, ¿entendés?, podés programarla que cante, que mueva los ojos, la manito. Llegará un momento que van a substituir a los humanos. ¿Y ahí qué hacemos?

Los cambios en la forma de producir cambian la historia de la humanidad y la vida del trabajador. Es maravilloso que las máquinas sustituyan al hombre, porque daría mucho tiempo para que la humanidad pueda vivir mejor haciendo otro tipo de cosas para mejorar como personas. Pero claro, el problema es que van a trabajar para los dueños de las máquinas, y entonces se acentuarán las contradicciones del sistema.

KINTTO LUCAS. En un mundo de máquinas, trabajarán para los dueños, si es que les sobra algún trabajito...

JOSÉ MUJICA. Claro (se ríe) Y la única respuesta será la multiplicación de los bienes públicos. Ahora, curiosamente la segunda o tercera potencia en el mundo plantea que hay que acortar la semana de trabajo, ¿te das cuenta?.

Hay que trabajar menos y tener el mismo salario, porque se necesita que esos trabajadores consuman. Es la contradicción del Capitalismo. Los tipos que piensan se dan cuenta que si no reparten algo no se vende, no se siguen creando consumidores. Pero no hay arreglo, seguimos en ese duelo.

KINTTO LUCAS. El mundo vive una crisis global que se manifiesta a nivel político y económico, pero se evidencia también en el ámbito multilateral regional y global. Hay una crisis económica visibilizada en Europa, sobre todo, y

Estados Unidos. Hay una crisis de la gobernanza mundial evidenciada en el papel cada vez menos trascendente y con pérdida de credibilidad de la ONU (Organización de Naciones Unidas), y en la sobredimensión de un Consejo de Seguridad que sigue representando un momento histórico ya pasado y superado. Hay una crisis del multilateralismo tradicional, manifestado en la ONU, pero también en el sistema interamericano con una OEA (Organización de Estados Americanos) cuestionada.

La OEA, que surgió como la opción de un determinado momento histórico en que los países vivían sometidos al "liderazgo" de Estados Unidos, que en realidad era una imposición desde ese país, ya casi no tiene credibilidad, y si sobrevive es por algunos intereses.

Hay una crisis de las multilaterales de crédito cada vez menos creíbles en el Norte y en el Sur, más allá de algunos sectores interesados. Hay una crisis del comercio mundial evidenciado en los traspiés de la OMC (Organización Mundial de Comercio) que finalmente recurre a un suramericano para intentar salir de su pozo; en la especulación con los alimentos, y en la promoción de un consumo parásito para que el sistema financiero sobreviva o se fortalezca otorgando créditos no productivos.

Y dentro de esa crisis mundial podemos también colocar el fortalecido crimen organizado global y en red, cada vez más vinculado a instancias de poder político y económico en todo el mundo. Pero la crisis no toca al Imperio. Al decir de Toni Negri, hoy el imperio asume formas y connotaciones distintas al imperio tradicional. Se trata de una especie de coalición mundial integrada por países, grandes corporaciones, sistema financiero global, ciertas multilaterales, entidades de arbitraje internacional, y otras tantas instancias entrelazadas entre si y al servicio de un poder global, unipolar, que se resume en lo que para Negri es el Imperio actual.

La crisis no toca al Imperio en esta nueva definición, son los procesos integradores que hacen emerger un mundo diverso contrapuesto al pensamiento único del mundo homogeneizado política, económica, comercial y culturalmente. Son los procesos integradores de nuevo tipo los que se oponen al Imperio. Son, también, esos procesos integradores los que hacen surgir una nueva propuesta multilateral.

Ante la crisis del multilateralismo tradicional surge un nuevo multilateralismo que se fortalece en nuevas expresiones como los BRICS (Brasil, Rusia, India, China y Sudáfrica), y en procesos integradores como los que se dan en América Latina, Eurasia, Asía y África. Procesos estratégicos hacia un mundo de bloques, multipolar. Pero eso no termina por consolidarse y cada vez parece más difícil que eso ocurra.

En su genial novela El año de la muerte de Ricardo Reis, José Saramago señala "A esta ciudad le basta saber que la rosa de los vientos existe, este no es el lugar donde los rumbos se abren, tampoco es el punto magnífico donde los rumbos convergen, aquí precisamente cambian los rumbos".

Trasladando las palabras de Saramago al sistema mundo, como diría Immanuel Wallerstein, podríamos decir que cambiarán los rumbos el día que construyamos un sistema mundial multipolar que contribuya a crear un mundo un poco más democrático, más justo y más equitativo. En ese necesario cambio de rumbos, la integración es un objetivo estratégico para lograr la independencia de América Latina, pero eso también está muy retrasado. Y en el duelo del capitalismo mundial, que tu analizabas antes, América Latina casi no juega. ¿Cuál es el papel de América Latina en el mundo actual?

JOSÉ MUJICA. América Latina lleva una tragedia a cuestas. Tiene la tragedia de ser el 10% de la economía del mundo, de no tener masa crítica para nada, de que haya fracasado por ahora la integración. La integración, ya no es solo el sueño de Bolívar o la gran utopía geopolítica de los viejos libertadores, es un imperativo de la necesidad.

No tenemos posibilidad de pesar en la balanza del mundo por falta de masa crítica, porque no podemos crear un sistema de investigación que nos dé libertad en la creatividad, porque ni siquiera tenemos el manejo de ciertas tecnologías, porque nuestras universidades están divorciadas entre si y compartimentadas de país en país, porque nuestros investigadores son pocos... Todo eso nos obliga a la integración.

Pero además, en este mundo ¿quién nos va a tener en cuenta separados? ¿Cómo negociar con China o con los países de Europa? ¿Países como Ecuador o Uruguay van a negociar en igualdad con China? ¡No seas malo! Recogeremos, lo que dé para recoger en determinada coyuntura, pero nunca en términos de igualdad, porque no pesamos.

Una cosa es que el Canciller de Ecuador, de Uruguay, etc., vayan cada uno a hablar solo. otra es que vaya uno en nombre de toda América Latina, ¡Eh papá, es distinto, es otro poder! Nuestra tragedia es la balcanización.

Por otro lado, tenemos a nuestro favor un paquete de recursos naturales muy valiosos. Probablemente somos el Continente reserva más importante que tiene el mundo, pero vamos a tener grandes desafíos.

El mundo sigue creciendo locamente, hay quien dice que Nigeria, por ejemplo, va a tener 700 millones de habitantes en 40, 50 años más. ¡No sé qué va a pasar frente a eso¡ En todo caso, en ese marco, la integración pasa a ser la prioridad cronológica más importante de nuestros días.

KINTTO LUCAS. América del Sur vivió un momento importante en términos de integración regional, capitalizada más claramente en Unasur, un bloque que más allá de las diferencias políticas o económicas de los países que lo integran y ciertas debilidades, logró en determinado momento levantarse como espacio de acuerdos y entendimientos desde la diversidad y generó un proceso integrador diferente.

Unasur, tal vez fue la propuesta más importante de integración desde América del Sur. Las que surgieron antes, además de ser subregionales fueron condicionadas por el libre comercio, porque apostaban a eso, no a la integración.

El Mercosur (Mercado Común del Sur), por ejemplo, fue una propuesta surgida desde el libre comercio desde el neoliberalismo. Si bien luego fue procesando cambios positivos con la irrupción de gobiernos progresistas y actualmente es una confluencia fundamental, todavía le falta mucho para consolidarse como Mercosur Suramericano, que sea eje de un modelo de integración productiva de Américas del Sur dentro de Unasur. La CAN (Comunidad Andina de Naciones), en cambio, surgió como una propuesta integradora distinta, pero finalmente terminó absorbida por la hegemonía neoliberal en los años 90.

Por su parte la Celac (Comunidad de Estados Latinoamericanos y Caribeños), surgió con la necesidad de consolidar un espacio amplio que promueva un proceso integrador desde la pluralidad latinoamericana, desde procesos más diversos y complejos, pero sin la tutela de Estados Unidos.

Celac y Unasur surgieron desde los propios países latinoamericanos y suramericanos y son, con todas sus dificultades, procesos de integración. La OEA fue un proceso de imposición, no de integración.

La Alba (Alianza Bolivariana para los Pueblos de Nuestra América) surgió como una propuesta frente al Alca (Área de Libre Comercio de las Américas), otro intento de imposición estadounidense, y ha implementado procesos de complementariedad y solidaridad creando propuestas de integración productiva interesantes. Sin embargo le ha faltado fortalecerse institucionalmente y desarrollarse para lograr su consolidación.

Unasur se posicionó como una propuesta de integración desde lo político, llevando adelante acciones trascendentes para solucionar conflictos, consolidar una mirada de defensa de la democracia en común, fortalecer políticas de defensa y sociales integradoras, e inclusive posicionándose como un bloque a tener en cuenta a nivel mundial en el desarrollo de un mundo multipolar.

Demostró que, dentro de las diferencias, se puede llegar a ciertos acuerdos que parten de un punto central: para competir y para ser escuchados, para ser respetados en un mundo de bloques, tenemos que construir y participar de un colectivo compacto desde lo geográfico desde toda América del Sur.

Sin embargo, para proyectar la integración en América Latina y América del Sur, se debe crear una base simbólica que le dé sustento y aporte a una cultura de la integradora más allá de la muletilla de la Patria Grande. Entonces no se produjo un cambio cultural dentro de nuestros países y tampoco se trabajó en una cultura de la integración

Se cometieron muchos errores y faltó profundizar en el modelo integrador más allá de los propios organismos creados, pero fue un momento interesante, tal vez de los más interesantes en la historia de la siempre postergada integración latinoamericana ¿Se nos fue esa posibilidad? ¿La tuvimos cerca en estos años?

JOSÉ MUJICA. La tuvimos cerca, pero nos quedamos embebidos en nuestros proyectos nacionales, en nuestras respectivas preocupaciones. Esta fue la mayor falla de los gobiernos progresistas y es medio cruel decirlo, pero hay que decirlo para que las generaciones que vienen de progresistas lo tengan claro, y cometan sus errores pero no los nuestros, me parece. Más te diría, para mí esto de la integración es sine qua non.

No creo que se pueda crear un socialismo en el marco de los países pobres, con esto no quiero decir que siendo un país rico vamos ir al socialismo, tampoco, el socialismo es hijo de un país rico, pero son condiciones sine qua non. Lo otro fundamental es la integración, tener una masa crítica, sobre todo en el campo de la investigación y de la ciencia, que no la tenemos.

Estamos muy lejos, porque si no hay investigación propia, si no controlas ciencia y tecnología no hay soberanía creadora de futuro, sos dependiente.

Fijate lo que pasa en el mundo, resulta que ahora Bayer está comprando a Monsanto y los chinos están arreglando con Syngenta y la Doptone. Entonces, ¿qué va a ocurrir? Habrá tres grupos económicos que produzcan las semilla del mundo, con todo lo que eso significa para la agricultura del mundo…

KINTTO LUCAS. Quién controle las semillas, de alguna forma pasará a controlar la alimentación del mundo. ¿Dónde quedará la soberanía alimentaria?

JOSÉ MUJICA. Todos los agricultores del mundo vamos a ser medianeros de estas empresas, porque vamos a trabajar para ellas. ¿Cómo enfrentar eso? ¿Te das cuenta lo que significa? ¿Se puede hablar de soberanía sin propiedad de conocimiento? ¡No! Entonces, para mí la integración es prioridad cronológica, y por ser prioridad cronológica nos obliga políticamente.

La famosa clausula democrática la tendríamos que tirar a la marchanta, porque esa es una buena clausula para que, quíteme esa pajas, nos tengan divididos. Si la integración es una gran causa, tiene que condicionar todo lo demás. Y si hay una dictadura me la voy a bancar tranquilamente mientras no me torpedee la integración.

Estoy poniendo un caso extremo, y digo que me la tengo que bancar porque si no lo hago, en nombre de la democracia se puede descuartizar la integración ya construida. Además, si voy a esperar que todos los latinoamericanos seamos socialistas para integrarnos, adiós.

Yo tengo una visión socializante, no puedo renunciar a ella, pero ¿de qué socialismo podemos hablar a partir de un país aislado de América Latina? ¡Estamos locos! Esta discusión ya existió en la época de Trotsky y Stalin, ¿no? En el mundo de hoy, ¡peor! Decir que vamos hacer un país socialista, ¡no jodan!

KINTTO LUCAS. Justamente, ¿y no le estamos mintiendo a la gente cuando les decimos que estamos creando el socialismo del siglo XXI e inventamos todo un cuento para justificarlo teóricamente? ¿O nos inventamos el socialismo del buen vivir y otras historias?

JOSÉ MUJICA. Claro, son quimeras que sembramos. Estamos remendando, tratando de remendar y hacer menos agresivo este Capitalismo en el cual vivimos. Apuntamos en lo posible a desarrollar cierto germen de socialismo, pero de ahí… nada más. Y no le podemos cuentear a la gente…

Como te decía antes: para mí es determinante la masa crítica en conjunto, porque si logramos un espacio en común la cosa cambia, la cosa entra a cambiar, porque ahí sí tenemos otra estatura en el mundo. Y para plantearse el socialismo, es sine qua non tener una masa crítica.

KINTTO LUCAS. Pero sí hay algunos cimientos que podemos ir construyendo sin hablar que estamos yendo al socialismo. Hay algunos puntos fundamentales que es necesario profundizar y se pueden profundizar. No son una quimera la consolidación de una democracia ciudadana en lo sociopolítico; una revolución agraria que tenga efectos sobre lo social y lo productivo y esté vinculada a consolidar la soberanía alimentaria; la construcción de una mayor participación ciudadana desde lo político-organizativo; y el fortalecimiento de la economía social y solidaria en lo económico. Para mí el socialismo siempre será socialismo, más allá de que se debe adaptar a la realidad concreta de cada momento histórico.

Recuerdo que en 1992 ante los 500 años de la conquista escribí un pequeño ensayo sobre el socialismo latinoamericano y su particularidades. Lo que se denomina en Ecuador o Bolivia Buen Vivir o Sumak Kawsay no es sinónimo de socialismo, pero es un punto importante en la construcción de un camino de liberación nacional.

Es una forma de incorporar algunas particularidades de América Latina a un pensamiento socialista, desde un pensamiento mestizo. El error es hacerle creer a la gente que ya estás en el socialismo, o que hiciste una revolución, cuando ni siquiera hiciste nada para procesar un cambio cultural y crear, por lo menos, ciudadanos...

En ese sentido, hay un tema que también es prioritario, pero es contradictorio, como el del medio ambiente. Vos has reivindicado el tema en distintos foros pero en particular en la Eco 20 años, con un discurso que tuvo una gran repercusión. Pero, ¿cómo superar la contradicción que se ha planteado entre la necesidad de salvar el ambiente que dicen unos y la necesidad de extraer los recursos naturales para superar la pobreza que reivindican otros?

JOSÉ MUJICA. La necesidad espantosa de extraer los recursos naturales es hija de la cultura consumista funcional al Capitalismo. Hemos creado una civilización del despilfarro, que está basada en inventar una cantidad de aparatos y cuestiones, que además tienen que durar poco, porque hay que tirarlas rápido para que vengan otras cosas que las sustituyan...

La acumulación de basura se está transformando en un problema endémico en el mundo entero, la expresión de esto es la contracara de la defensa del ambiente...

La primera defensa del medio ambiente es la cultura humana, si vamos atacando a la naturaleza con este derroche de energía y de medios, el medio ambiente está condenado. Entonces todo depende de la cultura humana, si vamos a tolerar que el Capitalismo haga estas cosas, hemos sustituido el Dios religioso por el Dios mercado, que es el que organiza nuestra vida, así digamos que somos ecologistas.

El ecologismo, como filosofía en sí, si no se embebe del drama político humano, es como el soñador que quiere humanizar el Capitalismo. Ese tipo no soporta humanización, porque el Capitalismo está hecho para generar ganancias, plusvalía. Es eso, no lo podés resolver, no hay como humanizarlo, no lo vas a cambiar. Los más grandes ecólogos cambian de auto, no pueden renunciar a muchas cosas, consumen y consumen... Así estamos en las mismas.

KINTTO LUCAS. (Risas) Y ahí están las ciudades... cada vez más invivibles... Vos te debes acordar de un tango de Astor Piazzola y Amelita Baltar, en el cuál se preguntaban, ya hace muchos años, ¿para qué las ciudades?. Pero la ciudad se transformó en el eje central de la vida de muchos países. Dejó de ser un lugar y se transformó en un personaje que, unas veces puede devorar y otras olvidar a las personas que transitan por ella. La ciudad actual alberga a seres nómadas, habitantes del mundo antes que del barrio. Inquilinos de la vida que caminan por ella con la incertidumbre a cuestas y la soledad a flor de piel. Tipos humanos que se cuestionan su pertenencia a un lugar pero se adaptan al viaje.

Todas las ciudades les pertenecen y sin embargo no les pertenece ninguna. Son los eternos viajeros de un tiempo marcado por el desarraigo. Por la amistad vía facebook, la realidad vivida en twitter, la memoria recuperada en selfie, instagram o cualquiera de esas redes sociales que pueden ser también antisociales. La globalización puso todas las ciudades al alcance de la mano y sin embargo las alejó de la sensibilidad, las deshumanizó.

La ciudad se transforma en el escenario preciso para la representación. Todos somos personajes de una gran trama. El selfie, fugaz, momentáneo puede ser una prueba irrefutable de haber pasado por un algún lugar y a la vez otra ironía de la ciudad, pues muchas veces solo representa a la realidad. No es el engaño, es solo el ajuste de la realidad. El selfie es una forma de poder efímero. A veces un documento fiel y a veces puede reemplazar ya no a la ciudad sino al sujeto que transita por ella.

El selfie es además una forma de ver. La realidad se va construyendo a través de lo que cada cual ve. Los habitantes de la ciudad viven en función de imágenes creadas por su mirada. Esas imágenes son como metáforas de la relación con sus vecinos/as y su entorno. La confluencia realidad-imagen-imaginación-hiperrealidad son parte esencial de la ciudad actual. Pero esa ciudad actual tiene su contrincante en la ciudad de la memoria, esa que se resiste a desaparecer. Entonces se puede dar un contraste, muchas veces tenso con el pasado, cuando la ciudad de la memoria rescata la historia social o personal para enfrentarla con el olvido.

JOSÉ MUJICA. Es cruel eso, no tiene piedad. Pero es un dato, fijate, fijate (señalando hacia fuera a los edificios) tenemos gente amontonada en la ciudad, nosotros inventamos esto… Después tenemos que gastar energía a montones para hacer funcionar todo esto…

Como no nos da la vida para soportar el tráfico, tenemos que agujerear por abajo (risas). ¡De ley!, hay que agujerear todo cada vez más para que entren más autos…

¡Pará!, las ciudades más chiquitas son más humanas, podés ir a trabajar en bicicleta o a pie, no importa que esté cerca… Son ciudades más coloquiales y uno puede estar en una vereda tranquilo, o utilizar tren y otro tipo de transportes, pero con cierta medida humana.

La civilización dio el salto a partir de pequeñas ciudades. La Civilización Helénica creció en pequeñas ciudades. Cuando la ciudad crecía mucho fundaban una colonia u otra ciudad.

Estas megalópolis que estamos haciendo son Selvas de Cemento, incubadoras de soledad, porque están hechas por la propiedad inmobiliaria, por el negocio, para obtener plusvalía, no para la felicidad humana.

Y ahí está la paradoja, hay miles de casas sin gente y miles de personas sin casa… Hay que entrar a repensarlo todo, porque tenemos los instrumentos para eso, tenemos los instrumentos para cambiar esa realidad…

KINTTO LUCAS. Eso no nos lleva al tema de las Redes Sociales, que están ahí y que la gente vive de ellas, y finalmente parece que los amigos los tenemos en las redes sociales, ya no en el barrio. También cada vez hay menos barrios como aquellos en los que nos criamos, en los que había una relación de amistad, casi comunitaria. ¿Cómo se puede construir un mundo más cercano con esa realidad?

JOSÉ MUJICA. En la vieja civilización griega se decía nada en demasía, entonces lo que es un instrumento formidable se transforma en una adicción y en una esclavitud. La gente está esclavizada, si empezamos a mirar la calle, están las parejas en un boliche, jovencitos, que en lugar de hacerse mimos, de tomarse de la mano, besarse, están mirando una pantallita, ¿verdad? Es de locos...

A veces pienso si el ser humano ha llegado al tope de lo que puede, porque estamos necesitando dejar de razonar como países, incluso como continente, para empezar a razonar mucho más como especie...

Globalizaciones hubo varias en la historia, por ejemplo, el Imperio Chino fue una globalización en su época, Roma fue una brutal globalización, hay que ver el tiempo que duró, pero siempre había un epicentro político, un mando. Tenía mucho de botas militares, incuestionable, porque todas las globalizaciones fueron hechas a paso redoblado, pero con un mando político.

Esta globalización es más intensa que ninguna porque está desparramando una forma de vivir más o menos semejante en el planeta entero, con ciertos valores promedios parecidos, pero no tiene un mando político, el mando es difuso, es el mercado mismo, es como una civilización que anda y funciona sin inteligencia… Nunca vi una cosa así…

Esto es como una intención anónima que nos gobierna, porque en realidad la globalización nos gobierna, nosotros no la gobernamos, la padecemos. Entonces me hago esta pregunta: ¿habremos llegado a los límites de lo que puede dar el ser humano? El ser humano como capacidad política de autogobierno. No sé, no tengo respuesta y me angustia, pero hay que empezar a plantear estas preguntas.

Por otro lado, el discurso político contemporáneo es pasional, y si andas buscando alguna idea que te haga pensar en el discurso de Europa, no vas a tener suerte ninguna. Yo me quedé frío cuando escuché el discurso de Hollande, porque uno tiene adentro esa mitología de la Revolución Francesa, que se yo, pura chafalonía.

La socialdemocracia alemana desapareció, ¡desapareció! Entonces, no sé, apenas se ve un resplandor en España, algún pensamiento distinto que aparece por ahí, pero casi nada más. En Estados Unidos, ni te cuento, Obama parece un radical de izquierda al lado de lo que viene.

Es interesante que apareciera un candidato que tuvo un seguimiento universitario interesantísimo, como Sanders, porque lo mejor de Estados Unidos está en las Universidades. Ahí vos te encontrás con un mundo que te llena de alegría y de esperanza y pasa lo mismo en otras universidades del mundo.

Lo mejor de Inglaterra está en Cambridge, ¡por lo menos hay gente que piensa! También lo he visto en Turquía, en Japón, hay una juventud universitaria no conformista con el mundo en el que vive, aunque no sabe por dónde va agarrar, pero no está divorciada del mundo que le toca vivir, y eso da un poco de esperanza.

Es decir, quiero transmitir una sensación compleja. Nosotros en Uruguay conocimos un proletariado en el que apostábamos mucha esperanza y sueño, vestía de brin, solía usar gorra de cuero o de basto, tenía una pinta viril enorme, a veces, a paso redoblado venía por 8 de Octubre o por otras avenidas a paso proletario.

Ahora, me parece que la clase más revolucionaria que viene va a ser de túnica, está entrando en las universidades, van a ser obreros calificados de educación terciaria, no por razones humanas, sino que el propio sistema por el avance tecnológico es lo que va a requerir. Ese será el trabajador que va a dejar más plusvalía, pero va ser mucho más difícil de arriar, más difícil de que lo puedan manejar. Tal vez su debilidad esté en que será mucho más moderno.

KINTTO LUCAS. Reencontrar al viejo Pepe en el camino de la vida, siempre trae emociones y recuerdos, y claro, más que una entrevista fue una conversación entre dos compañeros. Pero antes de terminar, es imposible no hablar de uno de los líderes políticos y sociales más importantes de la historia del Uruguay, que tuvo una trascendencia latinoamericana, a pesar del momento histórico que le tocó vivir: Raúl Sendic, un pensador adelantado de su época, fundador de los tupamaros, alguien de quien no podíamos dejar de conversar, y además relata la fuerza de aquellos Quijotes que se unieron a la guerrilla tupamara…

JOSÉ MUJICA. Sendic era un paisano intelectual, rarísimo, la cosa más rara. Conquistador de gente alrededor de los fogones, de multitudes chicas, pero multitudes al fin, y comprometido con el sueño de transformaciones sociales, pero muy con las patas en el suelo, sobre todo en la etapa más avanzada se su vida.

Heterodoxo por naturaleza, defensor de Rosa Luxemburgo en el campo del pensamiento, increíble pronosticador de la caída de la Unión Soviética, de lo que se llamaba el bloque socialista, no sé cómo había detectado síntomas de la enfermedad que otros no habían detectado. Y que contribuyó a conformar parte de nuestro acervo entre socialista y libertario, a los que tuvimos la suerte de haberlo conocido, de haber andado con él.

Muy probablemente, su aporte más importante a quienes lo conocimos, a quienes anduvimos con él, fue ser amigo de la libertad de pensamiento anti esquemas, esa libertad desafiante de, en el acierto o en el error, pensar con cabeza propia, es una cosa que se la debemos muchos de nosotros a él. Y bueno, era una figura anti figura…

KINTTO LUCAS. Después de pasar revista a tanta gente que quedó por el camino, tantas luchas, surge una interrogante en medio de los recuerdos y la conversación. ¿Alguna vez te preguntaste si valió la pena la lucha iniciada por ustedes?

JOSÉ MUJICA. Si, claro… Nosotros somos hijos de las circunstancias, de un momento de la historia del mundo, también de América y nuestro sueño fue cambiar la sociedad y la esencia de la sociedad capitalista, para poder llegar a un camino de poder, para efectuar transformaciones a través de la constitución de un nuevo edificio de ciudadanía.

Claro, no podíamos ver las dificultades, somos nietos del racionalismo extremo y teníamos un paquete de convencimiento, que era ingenuo ante las complejidades que deparaba la historia. Y hemos avanzado un poco, no tenemos claro lo que hay que hacer, pero tenemos claro lo que no hay que hacer…

KINTTO LUCAS. Pero es bastante…

JOSÉ MUJICA. Es bastante, no estamos en foja cero. Ahora desde el punto de vista individual, yo creo que en aquel momento vivimos la mejor etapa de nuestra vida, porque fuimos a la lucha cincuenta, con un altruismo que hoy debe parecer quijotesco y novelesco. Dejamos todo por el camino: familia, pasar, seguridad, pusimos en juego el cuero, hipotecamos los años de nuestra juventud, que se nos fueron…

Fue un momento de maravillosa explosión de la fuerza interior de la gente que cree en algo y establece de cuánto es capaz el ser humano cuando cree en algo… ¡Que fuerza que teníamos! ¡Qué fuerza!

La añoramos por supuesto y sobre todo añoramos no poderla transmitir a las nuevas generaciones. Lo vivimos en un momento, en un chispazo de la historia, en el mundo de hoy es impensable. Tanto Quijote, tanta poesía, es impensable…

----

(1) El Viejo Andrés Cultelli, reconocido militante socialista que se integró al MLN-T en la década del 60. Falleció hace algunos años.

A MANERA DE EPÍLOGO

En septiembre de 2023 de visita en Montevideo, fui a ver a Pepe en su chacra. Me invitó un whisky como siempre. Y yo, como siempre, no lo acepté. Ahí me dijo: "dale, tomate un whisky, quien sabe si te vuelvo a ver". Enseguida agregó: "quien sabe cuando regresás, y yo no voy a ir a Ecuador". Después contó que estaba un poco mal de los riñones y no sabía qué era. Finalmente le acepté el whisky. Sacó un Johnnie Walker Blue Label, tomó hielo del refrigerador y sirvió los vasos.
Tomamos dos cada uno y al rato llegó su esposa Lucía. Me miró casi increpándome. Pepe dijo: "viejita, tomé solo uno, pero también tomé los tecitos".
Aquellos whiskies eran una especie de despedida, aunque no lo eran. Pero me quedó claro que Pepe no estaba bien de salud. Meses después informó en rueda de prensa que estaba con cáncer. Pero a pesar de esa enfermedad, fue vital y fundamental en la campaña electoral que llevó al Frente Amplio nuevamente al gobierno en noviembre de 2024.

Kintto Lucas

Escritor y periodista uruguayo-ecuatoriano. Máster en Estudios Avanzados en Literatura Española e Hispanoamericana por la Universidad de Barcelona.

Fue Vicecanciller de Ecuador y Embajador Itinerante de Uruguay para la Integración.

Premio Latinoamericano de Periodismo José Martí 1990 y Pluma de la Dignidad de la Unión Nacional de Periodistas del Ecuador 2004. Recibió la Condecoración al Mérito en el Grado de Gran Cruz del Gobierno de Perú y el Botón de Oro Ho Chi Minh de Vietnam.

Fue director y editor de diversos periódicos y revistas, corresponsal de la Agencia de Noticias Inter Press Service y ha escrito para diversos medios latinoamericanos. Ha sido docente de periodismo y de actualidad política y geopolítica y conferencista en diversas universidades y organismos internacionales. Más de 25 libros en distintos géneros, entre otros: *Rebeliones indígenas y Negras en América Latina* (relato); *Mujeres del Siglo XX* (relato); *La rebelión de los indios* (crónica); *Plan Colombia. La paz armada* (reportaje); *El arca de la realidad –de la cultura del silencio a wikileaks-* (artículos); *Ecuador Cara y Cruz: del levantamiento del noventa a la Revolución Ciudadana* (crónica, tres tomos); *El Naufragio de la Humanidad* (poesía); Realidades y Ficciones: Sobre libros, escritores y lectores (artículos y ensayos); *Mercé Rodoreda, Barcelona y el "Yo-Ciudad"* (ensayo); *Como en Aquelarre* (poesía); *Vivir es ser otro* (novela) y *Síndrome de Noé* (relatos).